colección fábula / 268

A Paco Lara

Con el

recuerdo muy

afectuoso de

[illegible]

26.XII.91

Felicidades!

Con la colección FÁBULA, Editorial Planeta se ha propuesto ofrecer al público los títulos más representativos, dentro del campo narrativo, de aquellos escritores que, frente al inmovilismo mental al uso, ofrecen un ejemplo constante de imaginación creadora y anticonvencional.

Entremeses variados

Fernando Vizcaíno Casas

Entremeses variados

Las historias de «El Orgullo de la Huerta»

Planeta

COLECCIÓN FÁBULA
Dirección: Rafael Borràs Betriu
Consejo de Redacción: María Teresa Arbó, Marcel Plans y Carlos Pujol

Córcega, 273-279, 08008 Barcelona (España)
Diseño colección y cubierta de Hans Romberg
Ilustraciones cubierta: cerámica de Manises, foto AISA (anterior), y fotos gentilmente cedidas por Antena 3 TV (posterior)
Primera edición: octubre de 1991
Segunda edición: noviembre de 1991
Tercera edición: diciembre de 1991
Depósito Legal: B. 42.251-1991
ISBN 84-320-8903-6
Composición: Foto Informática, S. A. (Aster, 10,5/11)
Impresión: Duplex, S. A., Ciudad de Asunción, 26, int. letra D, 08030 Barcelona
Encuadernación: Encuadernaciones Maro, S. A.
Printed in Spain - Impreso en España

Índice

ENTREMESES:

1. Cualquiera de los manjares, como encurtidos, aceitunas, etc., que ponen en las mesas para picar de ellos mientras se sirven los platos.

2. Pieza dramática jocosa, en un solo acto, que solía representarse entre una y otra jornada de la comedia.

(Del *Diccionario de la R.A.E.*)

INDICACIÓN PRELIMINAR

Este libro está basado en la serie «El Orgullo de la Huerta» que durante seis meses, de octubre de 1990 a abril de 1991 fue emitida semanalmente por ANTENA 3 DE TELEVISIÓN. En él, por tanto, se invierte la norma habitual de llevar a la pequeña pantalla textos preexistentes; aquí son aquellos veintiséis capítulos los que he convertido ahora en relato escrito.

Relato, por supuesto, de humor, sobre temas sencillos y cotidianos, pues no en balde la serie la presenté como un telesainete. *En cambio, se me hizo difícil etiquetar el libro. Así que, dándole vueltas, llegué a la conclusión de que bien podía asimilarse a los* entremeses *escénicos, piezas jocosas, dice la Real Academia, que se representaban entre acto y acto de la comedia principal.*

Pues en la presente obra, un conjunto muy variado de situaciones y personajes se entrecruzan con la trama central; y la historia esencial de Sento y Fina, que constituye su eje, transcurre aderezada por esas otras pequeñas historias, cada una plenamente autónoma, todas situadas en un mismo espacio: la tasca, mejor dicho, el restorán de dos tenedores «El Orgullo de la Huerta». En semejante lugar, lógico resulta que los entremeses *alcancen también su otra acepción, la de manjares para picar, tan exactamente definidos en italiano:* antipasto, *es decir, antecomida.*

Ya sé que últimamente se ha puesto de moda la

novela erótica, basada fundamentalmente en historias pornográficas. No se busque semejante temática en las páginas que siguen, advierto a lectores morbosos, porque en ellas no aparecen ni lesbianas, ni amores gays, ni paidófilos, ni pasiones retorcidas, ni seres anormales, dicho sea con todo respeto hacia semejantes personajes.

Aunque, eso sí, mi buen Sento, el protagonista, es un mujeriego; un lujurioso, un salido, un cachondo, del latín catulus, *que, aunque en su etimología quiere decir cachorro, en castellano coloquial saben ustedes perfectamente lo que significa. La cachondería del mesonero resulta, sin embargo, normal y corriente; como lo son las granujadas de otros personajes, cuyas picardías no exceden de las habituales en cualquier hijo de vecino, algo ligero de cascos.*

Por lo que espero que a nadie molesten y a todos diviertan, como sinceramente les deseo.

F. V. C.

1. RAZÓN DE SENTO Y SU TASCA. EN EL TERCER ANIVERSARIO

Está situada en uno de los barrios populares de Madrid y, aunque le dicen, por lo común, tasca, su dueño tiene buen cuidado en aclarar que se trata de un restorán de dos tenedores, según la clasificación administrativa del ministerio. El local no es demasiado grande; ocho mesas, que pueden ampliarse a diez, cuando la demanda crece. Todas de mármol, con su mantel a cuadros, blancos y azules, blancos y rojos, según los días. La decoración, por llamarla de alguna manera, ha ido haciéndose a medida que el tiempo corría y resulta por demás heterogénea, como suele suceder en tales establecimientos. Así que cuelgan de las paredes fotografías de artistas y cantantes, alguna amablemente dedicada; y acuarelas con temas valencianos, por la razón que en seguida se dirá, e instantáneas taurinas (a destacar un natural de Curro Romero con sabor a hierbabuena), un dibujo a pluma de la puerta de Alcalá, otro de la Cibeles y el banderín futbolístico del Valencia C. de F., por causas también notorias, que pronto serán conocidas.

Sobre la fachada y en azulejos de Manises se anuncia el nombre del restorán: «El Orgullo de la Huerta». Los cristales de las ventanas están llenos de letreros escritos a mano, con vacilante caligrafía, aunque cargados de sentido publicitario. Comenzando por el que define la razón de ser de la tasca: «Especialidad en paellas y arroces variados.» Otros cuantos amplían la oferta culinaria: «Merluza fresquísima (congelada); vino clarete, 50 ptas.; vino bueno, 75 ptas.»; sin que falte el tributo al turismo anglosajón: «Five o'clock tea, a todas horas», curiosa muestra de los conocimientos lingüísticos de Sento. Cuya seriedad mercantil se confirma con la advertencia que aparece junto a la caja registradora, en caracteres gruesos de imprenta, para que no haya lugar a dudas: «No se aceptan cheques, ni tarjetas de crédito ni puñeterías.»

Como sin duda habrán deducido, este Sento es el dueño de «El Orgullo de la Huerta». Nació hace casi sesenta años, en Alfafar, Valencia, estribaciones del lago de la Albufera, pueblo risueño, próspero y mayormente agrícola. Su nombre de pila es Vicente; aunque la costumbre del lugar convierte el patronímico del piadoso dominico y excelso orador, tan venerado por sus milagros, en el confianzudo Sento. Roig Carbonell, de apellido, desde que llegó a Madrid para establecerse (hoy se cumplen los tres años), encuentra serias dificultades con el personal oriundo de la Meseta, cuya incapacidad para pronunciarlos debidamente resulta notoria. Así que le dicen *Roij,* separando las dos últimas letras, en vez de *Roch,* con sonido a *ch,* como debieran, aunque, lo que son las cosas de la fonética vernácula, si se escribiera *Roch,* en tierras valencianoparlantes pronunciarían *Roc* o, para que mejor me entiendan, *Rok.* En cuanto a Carbonell, tampoco es manco el error continuado en que incurren muchos, todos los castellanos, por supuesto, y hasta manchegos y extremeños, al decirle *Carbonel,* con una sola *ele,* incapaces de pronunciar la *elle* terminal como Dios y la gramática del padre Fullana mandan.

Sento echa pelillos a la mar por semejantes incorrecciones y hasta parece habituado a ellas, pues lo importante es que el negocio marcha bien y que en la capital antes llamada del Reino encontró la cordial acogida y el decidido apoyo que allí merecen cuantos llegan con ganas de trabajar y tienen algo que ofrecer y por eso, sin olvidar ni un solo momento sus raíces, ya se siente un madrileño más y hasta hace compatible su vieja devoción a la Virgen de los Desamparados con el fervoroso culto a la de la Paloma, cuya iglesia visita con frecuencia. Pues Sento Roig Carbonell es buen cristiano y hasta podríamos calificarle como ejemplar, si no tropezara de continuo con el sexto mandamiento e incluso, alguna que otra vez, con el noveno. Consciente de sus flaquezas en el terreno de la castidad, las justifica por razones genéticas, que él llama, sencillamente, cosa de familia. A su padre (q.g.h.) le apodaban en Alfafar *el Calent,* lo cual, parece innecesario traducirlo, significa *el Caliente* y si así se le conocía era (ociosa también la aclaración) por su natural concupiscente, fogoso y, en definitiva, cachondo.

Ya en su pueblo, Sento se dedicaba al oficio de mesonero, como a él le gusta definirlo, porque lo de restaurador, que tanto se lleva ahora, le parece una petulante majadería que confunde el noble arte de la cocina con la reparación de cuadros viejos y muebles usados, a lo cual, por cierto, dicen que se dedicaba doña María Jesús Llorente antes de consolidar públicamente sus amores con el hermano de Juan Guerra. Al respective, y aunque él no es político ni nunca se metió en política, pues considera que se debe al público, sea cual sea la ideología de éste, sus tendencias resultan más bien conservadoras, cosa natural en quien comenzó desde abajo y se ha ido labrando con su esfuerzo una decorosa posición económica.

También es tacaño, mal hablado en la intimidad, finísimo con la clientela, caritativo con los necesitados y sin más vicio (aparte las mujeres) que el juego del dominó, del que se considera un maestro, recogiendo así la rica tradición valenciana en la materia. ¡Ah! Y soltero recalcitrante, de tan limpia ejecutoria, que jamás se le conoció novia ni tentación matrimonial alguna, pese a que en el pueblo más de una *chiqueta* no le hubiera hecho ascos. Sobre todo allá en los tiempos de su juventud, cuando estaba delgado como un junco y lucía una maciza mata de pelo negro y ondulado. Ahora pasa de los cien kilos —ni le importa saber en cuánto— y está calvo, con una calva reluciente y gloriosa.

Lo de venirse a Madrid se lo sugirió su amigo Pepe Monzó, que tiene en Alfafar una mercería y viaja mucho a la capital, con la excusa de las compras, pero en realidad para echar canitas al aire, libre del tenaz marcaje de Amparo, su señora. En el inevitable declive de sus facultades eróticas, pensó Sento que ninguna otra ciudad mejor para apurar las últimas posibilidades en materia de sexo y, sin pensárselo demasiado, hizo los bártulos y a Madrid se fue. Ciertamente, con un planteamiento comercial nada desdeñable, pues sabía que, a pesar de los infinitos sitios de comer que allí funcionan, en pocos, quizá en ninguno, se trabaja el arroz en todas sus especialidades. Y él ofrecería la paella de verdad, la paella que sólo lleva arroz y pollo y caracoles y que debe hacerse con leña y a fuego vivo, con agua gorda de Valencia, naturalmente. Pero, además, sorprendería a los madrileños con el arroz *abanda* y con el *rosechat* y con el de *fesols i naps* y con el de garbanzos, al horno, y con el de *perdiu* y con el de verduras...

Su decisión resultó un acierto. Pronto «El Orgullo de la Huerta» se hizo popular, primero en el barrio, más tarde en todo Madrid, y la clientela, que en un principio era modesta, se incrementó con gentes de postín, que ya se sabe que media ciudad almuerza a diario fuera de su domicilio, por culpa de los negocios o de las distancias y está deseando encontrar un restorán con platos caseros y precios asequibles. Justamente lo que le ofrecía Sento, además de un trato amable y una bodega bien surtida.

Hora es de decir que en el éxito del restorán influyó decisivamente Fina, la cocinera que se trajo del pueblo, sabedor de su pericia. Fina ya trabajó con él algún tiempo en la tasquita de Alfafar; es asimismo soltera, y tiene un carácter dulce y cariñoso, como dulces y algo tristes son sus ojos claros. Lástima que se haya puesto tan gruesa. Pero es que a falta de otros placeres, cultiva con entusiasmo el de la mesa, quizá como una prueba más de su riguroso sentido profesional. Últimamente, ha sorprendido al Sento (que la conoce desde que eran niños, pues por ahí se andan de edad, algo más joven ella) enamorándose de un individuo extraño, a quien está deseando tratar, porque le tiene un tanto mosca el súbito arrebato sentimental de la cocinera.

Por lo demás, Sento vive en el mismo local del restorán, en una habitación interior, no muy grande, pero suficiente, presidida por la imagen de la Virgen de los Desamparados, que está sobre una peana, en la pared central y la fotografía de su difunta madre, en la mesilla de noche. Esta habitación tiene un juego de luces —roja, amarilla, verde— para ambientar lujuriosamente las sesiones eróticas que practica con periodicidad semanal, salvo imprevistos. Con la colaboración eficacísima de las dos camareras de la tasca, Sacramento y Sagrario, cuyos eucarísticos nombres no les impiden una entusiasta entrega a los placeres carnales instados por el amo. Quien, obviamente, tiene un concepto amplísimo de sus derechos patronales, entre los que se incluye el de pernada. Según iremos comprobando.

* * *

De la puerta de la calle cuelga un cartel, escrito cuidadosamente por Juan Luis, el botones-cerillero de «El Orgullo de la Huerta», el más instruido de todo el personal (no está muy alto el listón), en el que puede leerse: «Cerrado por fiesta familiar.» Y es que Sento ha querido celebrar con la debida pompa, boato y jolgorio el tercer aniversario de la tasca, restorán de dos tenedores para ser más exactos, ofreciendo una comida a sus colaboradores en el negocio, la cocinera, Fina, las camareras-amantes, Sagrario y Sacramento y el joven Juan Luis y también a sus cotidianos compañeros en el dominó, el cura don Niceto y el catedrático jubilado don Amalio, la cuarta plaza está ahora vacante, pues el señor Gálvez, que era quien formaba pareja con don Amalio, dejó de acudir a la cita con las fichas hace una semana, por haber pasado a mejor vida, como siempre dice Sento, para significar que se casó con una viuda rica y todavía de buen ver.

Acaba de echar el agua a la paella y le da una vuelta con la cuchara de palo, que es lo mandado y después se la lleva a la boca, para catar el punto y dictamina, con seriedad de experto:

—Todavía no.

Seca los labios con el mandil y anuncia:

—Le faltan diez minutos.

Entonces, Sacramento, con evidente descaro, comenta:

—Pues la señora Fina no esperaría tanto.

Sento la mira con enfado, y está a punto de decirle algo gordo, aunque sabe contenerse y tan sólo responde:

—La señora Fina es una maestra del arte paellero; pero yo soy catedrático. Conque a callarse, monada...

(Sacramento es madrileña castiza, flor de verbena, más chula que un ocho, como suele decirse sin aclarar el porqué de la presunta chulería de la cifra en cuestión. Debe de andar por los veintitantos años, más tantos que menos, pero da igual, porque tiene un cuerpo precioso, de sólidas caderas y pechos bien colocados, y unos ojos verdes talmente de tigresa bengalí y labios carnosos o sea, excitantes, todo lo cual justifica que en la calle Tribulete, donde vive, a fuer de típica *gata,* los vecinos de sexo masculino, también chuletas por exigencias de su ubicación urbana, opinen de la moza que está de toma pan y moja, dígase el piropo con la debida entonación de personaje de Arniches, que por cierto no era madrileño, sino de Alicante.)

Sento deja la paella en plena ebullición y se marcha al comedor, para inspeccionar los aperitivos, que están sobre el mostrador, no barra, quede esto claro desde un principio, un mostrador comprado en el Rastro, de cinc y madera oscura, como los antiguos, ya que antiguo es, sobre el que se alinean varias fuentes repletas de apetitosas tapas, tapas de lujo, cuidado, jamón de Jabugo, fiambres diversos, gambas a la plancha, calamares fritos y hasta nécoras. Sento agarra una de ellas y con indudable enojo le reprocha a Sagrario, que mira los platos con deleite:

—Esto ha sido idea tuya, claro.

—¿Usted qué cree? —contesta, por elipsis, según su racial costumbre, la camarera.

—Yo creo que con la gaita de la saudade, al final has traído lo más caro.

—Pero es tan riquiño...

—Para quien le guste. La única vez que probé una nécora, estuve a punto de saltarme un diente.

—¡Vaya si me acuerdo! Fue en Sangenjo, en agosto. Pero es que usted se la quería comer con cáscara y todo...

(Sagrario, natural de As Freixas, pedanía de Foz, provincia de Lugo, décima hija de un matrimonio campesino que con ella cerró el capítulo de sucesiones porque su padre, Santiago Bouzo Canteiro, la noche del Apóstol, en el 66, después de celebrar piadosamente la festividad del patrono, agarró tal borrachera que, confundidamente, tomó el balcón del ayuntamiento, donde se efectuaban las libaciones, por la puerta de la calle y se fue al suelo, con sus noventa kilos, despanzurrándose en un decir amén. Su desconsolada viuda, Teotista Fabeira González, a la sazón embarazada de ocho meses, anticipó por mor de la impresión el alumbramiento de la criatura que esperaba, previsto para tres semanas después y así, prematura, pero felizmente, vino al mundo Sagrario, quien, tras una infancia ajetreada en la aldea, en cuanto fue mujer se marchó a Madrid para servir en casa de un coronel gallego de Intervención de la Armada, después con un arquitecto técnico, o sea, aparejador, que la deshonró con su pleno asentimiento y finalmente se empleó de camarera para todo —y ustedes ya me entienden— en «El Orgullo de la Huerta», cuando se inauguró el establecimiento.)

Sento mira su reloj de pulsera.

—La señora Fina se está retrasando... —comenta con preocupación.

—Esta mañana estaba muy nerviosa. Con eso de que hoy le va a presentar a su novio...

—Dirás a su querindongo..

—¡Y luego, señor amo! Llámele su romance...

—Romance, a sus años. Será el romance del Cid...

Entonces, justamente, suena la campanilla de la puerta y la puerta se abre y entran Fina, acalorada, nerviosa, y su novio, romance o querindongo, curioso personaje, cincuentón, enteco, magro, enjuto, carniseco y feo, pero con gancho; quizá por la viveza oscura de sus ojos; quizá por el bigotillo mínimo, como una línea dibujada al carbón, que le serpentea debajo de unas narices poderosas, dándole cierto aspecto demoníaco, de diablo de función escolar; quizá porque viste un impecable terno oscuro y, ¡oh terror!, camisa amarilla y corbata con espantosos dibujos de pámpanos y flores y, como los *macrós* de película, zapatos blancos y colorados, que hieren a la vista.

Sagrario se ha acercado a recibirles.

—Hola —saluda Fina—. Venía preocupada; ¿han llegado los invitados?

—Todavía no; también el amo estaba intranquilo.

El amo se ha quedado junto al mostrador, mirando con curiosidad al novio, romance o querindongo, como queriéndole diseccionar.

—Mira... Ésta es Sagrario, una compañera...

—Hermosa mujer. Encantado —dice el extraño personaje.

—¿Cómo va la paella?

—El señor Sento no ha dejado meter baza a nadie; se está ocupando personalmente.

—El ojo del amo engorda al caballo; y en este caso, garantiza la paella —dice, con énfasis el novio o etcétera.

—Por ese lado, puedes estar tranquilo; el señor Sento es un maestro.

—Él dice que catedrático... —precisa Sagrario.

—¿Y qué más dará?

—Claro que da —rectifica el acompañante—. El respeto al orden jerárquico garantiza la paz social.

Fina le mira tiernamente y se extasía al decir:

—¿Te das cuenta cómo habla, Sagrario?

—Talmente como si fuera un ministro.

—Disiento, joven —aclara él—. A mí se me entiende todo...

Sento, terminada la larga inspección ocular, se acerca a los recién llegados. Discretamente, Sagrario opta por marcharse.

—Buenas tardes —saluda, muy serio.

Y Fina, azorada, presenta a trompicones:

—Buenas tardes, señor Sento... Vaya... Pues aquí, Restituto... y aquí, mi patrón.

Restituto da un taconazo, se cuadra con energía castrense, inclina la cabeza y alarga, decidido, su mano a Sento, que se la estrecha con cierto asombro, mientras le oye decir:

—Es un honor conocer al Paul Bocuse de los arroces.

—Hombre, yo...

—Máxime cuando, a sus altas dotes profesionales, une virtudes humanas que mi prometida me ha relatado exhaustivamente.

—Che, qué quiere que le diga... —Sento no puede disimular su confusión—. Yo aprecio mucho a Fina... Somos del mismo pueblo... Nos conocemos desde niños... —una tos insinuante de la cocinera le hace rectificar— ...quiero decir, desde que ella era niña y yo un mocito, ya se entiende... Me la traje a la capital cuando abrí el establecimiento, hace hoy justamente tres años...

—Mis plácemes más efusivos, por tan gozosa efemérides...

—Gracias. En fin, eso. Que la aprecio mucho. De modo, don Restituto...

—Llámele Resti... —indica Fina.

—De modo, don Resti, que quiero tener la seguridad de que sus intenciones...

—Yo soy un caballero, mi señor don Sento. La vida me hirió con zarpa de fiera, pero el destino ha querido premiarme, al fin, con esta incomparable mujer...

Sento ha recuperado la serenidad; de modo que corta la verborrea del Resti con bastante crudeza.

—Bueno, menos coba y dígame: ¿qué hay de sus planes?

—Puros, honestos, limpios y ortodoxos.

—Lo cual quiere decir que piensa casarse con Fina.

—Cuando haya acumulado méritos bastantes. Ahora estoy como, si dijéramos, en rodaje.

—Ya. Y si me permite. ¿a qué se dedica usted?

El Resti saca del bolsillo una tarjeta de visita y la alarga, con uno de sus habituales gestos enérgicos, al Sento. Éste se pone las gafas para leer, en voz alta:

—Restituto Macías Va. Imitador de aves, mamíferos y ruidos centrífugos.

Hace una pausa. Una vez superado el natural asombro, pregunta:

—Oiga, ¿y eso qué es?

Sorprendentemente, el Resti cacarea como un gallo saludando al amanecer y después trina cual jilguero en primavera y ladra y maya. Fina, mirándole con arrobo, le anima a completar el repertorio:

—¡Rebuzna, Resti!

—Con perdón —se excusa el imitador, que larga unos rebuznos escalofriantes.

—¡Ahora, la ametralladora...!

Y reproduce a la perfección el tableteo de una Hotchkiss.

—¡La policía!...

Su ulular de la sirena no lo mejora un coche Z, de los que usan las fuerzas de seguridad del Estado. En éstas, aparecen por la puerta de la cocina, entre divertidas y asustadas, Sagrario y Sacramento; Sento las tranquiliza:

—No ocurre nada; el señor Resti, que estaba efectuando una demostración profesional...

Fina, henchida de gozo, orgullosa de su hombre, no olvida, pese a la grandeza del momento, sus obligaciones profesionales.

—Voy a ver cómo anda la paella... —dice. Y a las chicas—: Acompañadme.

Está claro que Sento ha quedado fuertemente impresionado por la exhibición.

—Es asombroso... —reconoce.

—Gracias, señor...

Agarra del brazo al imitador y le pregunta:

—Oiga, ¿y eso da dinero?

Resti le mira muy fijamente, hace una dramática pausa y responde:

—Pues verá usted. Sinceramente, no.

Con gesto preocupado, Sento va hacia el mostrador para desde allí decir:

—¿Hace una copita?

—Agua mineral, si es tan amable...

Él se sirve un vermut. Y se sienta junto a una de las mesas e indica al Resti que también lo haga. El imitador levanta su vaso de agua, en ademán de brindis.

—Por el tercer aniversario...

Pero Sento no se da por enterado. Sigue otra pausa larga, que interrumpe el propio Sento con voz grave:

—Mire, Resti; yo soy de la pata la llana, que decimos en mi pueblo. Sin conocerle, le tenía ojeriza. ¡Repalleta, no es para menos! Me ha seducido a la Fina...

—Digamos mejor, y usted dispense la rectificación, que lo sucedido debe definirse como una mutua atracción; un ayuntamiento de ideas.

—De ideas... y de cuerpos.

—Amigo mío, la naturaleza impone su ley y es difícil sustraerse a su llamada.

—Oiga, que ya somos mayorcitos y a mí no tiene que convencerme de eso de la llamada de la naturaleza, porque llevo muchos años escuchándola.

—Entonces, obvian más explicaciones...

—Pero es que la Fina no es una cualquiera...

—¡Por favor, señor Sento! Reitero la rectitud de mis intenciones, que en su momento llegarán a ramos de bendecir.

—En eso confío.

Cambia el gesto, cambia la inflexión de la voz, que se hace más amable, más afectuosa, al decir:

—Bien, pues así queda la cosa. Y vamos a lo que ahora me interesa. Dice la Fina que es usted un buen jugador de dominó...

Resti se levanta, da unos pasos, enfatiza al contestar:

—Señor mío, como entiendo que la modestia es la virtud de los incapaces y que el culto a la verdad nos obliga a reconocer en lo que valen nuestras virtudes, me veo en la necesidad de responderle que sí. Que, en efecto, soy un maestro del dominó. En mis tiempos mozos me llamaban el Di Stéfano de las fichas.

—¡Repalleta! ¿Nada menos?

—Tengo recortes de prensa, pergaminos, diplomas. Tenía también muchas copas, pero en un momento de especial crisis económica las vendí. Compréndalo...

—¡Che, pues no sabe lo que lo celebro! Porque aquí tenemos una partidita todos los días, a eso de las cinco de la tarde y precisamente se nos ha marchado uno de los compañeros...

—Me lo explicó Fina. Estoy a su disposición; para mí será un honor compartir la mesa con ustedes...

La campanilla de la puerta anuncia visita. Son los habituales de la partida: don Niceto y don Amalio. Don Niceto es un sacerdote en edad madura, quiere decirse de unos cincuenta años, pero, pese a ello, absolutamente preconciliar, de forma y de fondo. De forma, porque aún lleva sotana; de fondo, por su tenaz rechazo a las nuevas orientaciones de la Iglesia, cuya liturgia reformada aceptó a regañadientes y cumple como un penoso deber, pues le gustaría seguir diciendo la misa en latín y de espaldas al pueblo. Conoció al padre de Sento y quiere a éste por sus bondades, aunque se desespera con su insaciable lujuria. Don Amalio, catedrático jubilado, sin hijos, descansa ahora de tantos años de docencia por esos institutos, paseando con su mujer por el Retiro, yendo al cine una vez por semana y, sobre todo, jugando al dominó en «El Orgullo de la Huerta»: lo que más le divierte.

Sento se abraza con ellos, que le felicitan en el aniversario y agradecen calurosamente su invitación.

—Y ahora permítanme que les presente a nuestro nuevo compañero de partido. Mejor dicho, al suyo, don Amalio, porque, como pueden suponer, yo no abandono a don Niceto... Don Restituto Macías Va...

Don Amalio, mientras le estrecha la mano:

—Amalio Carvajal, catedrático jubilado de aritmética y álgebra.

—Y éste es mi querido don Niceto Parrilla, un cura de los de antes, como verá por su vestimenta.

—Padre... —dice Resti, al tiempo que se inclina para besar devotamente la mano del sacerdote.

—¡Hombre, hacía lo menos dos años que nadie me besaba la mano!

—Las costumbres degeneran, padre, y ya no se respeta ni a los ministros del Señor...

—Y que lo diga. ¿Es usted madrileño?

—No, señor; de Tetuán. Nací allí porque mi padre era suboficial del Tercio.

—¡Caballero legionario! Téngalo a orgullo...

—Lo tengo, padre.

—¡Y apee el tratamiento eclesiástico, hombre de Dios!

Interrumpe don Amalio:

—¿Se pueden mojar las fauces?

—Por supuesto —sonríe Sento—. ¿Una cervecita?... Para usted, don Niceto, lo de siempre: vino con sifón.

—Justamente. —Y explica al Resti—: Jamás tomo bebidas exóticas; solamente tinto, en las comidas, y chinchón, después del café. El chinchón sabe a Hispanidad, ¿no cree?

—Muy bien visto, padre.

—En cambio, el coñac y sobre todo el champán... son productos maléficos, transmisores de la lujuria gabacha. Fómites de pecado.

—Vaya que sí.

Don Amalio pregunta al Resti:

—¿Es usted aficionado a los toros?

—Seguro —anticipa el cura—. ¡Nuestra incomparable Fiesta Nacional!

—En efecto, me placen. Aunque ahora voy pocas veces; con estos precios...

—Venga, venga y verá qué fotos de una faena de Curro hay allí.

Se levantan y van hacia el mostrador. Don Niceto aprovecha para decirle, a media voz, al Sento:

—Me gusta ese hombre. ¿De dónde lo has sacado?

—Es el querido de Fina —responde, sin pensárselo. Pero en seguida dulcifica—: Quiero decir que son novios; para casarse, por supuesto.

—¡Alabado sea Dios!

Y como está mandado en estos casos, el buen sacerdote hace la señal de la cruz.

* * *

La comida resultó muy agradable. Y la paella salió perfecta: los granos de arroz sueltos, el pollo en su punto, la verdura y los caracoles dándole al conjunto un sabor delicioso. A los postres, Juan Luis trajo una caja de farias, que Sento repartió entre sus invitados, no sin merecer la admonición de don Niceto:

—En un día como hoy, podías haber comprado habanos...

Antes, ya el sacerdote había tenido que recriminarle, porque en la euforia del momento, se le fueron repetidamente las manos hacia las mollas más apetitosas de Sacramento y Sagrario, cada vez que pasaban por su lado para recoger los platos. La indignación del cura subió de tono cuando, aprovechando que la castiza madrileña se inclinaba hacia la mesa, para retirar la paella, el Sento le dio, con todo descaro, un palmetazo en sus prietas posaderas.

—¡Es que estoy muy contento, don Niceto!... —se justificó.

—¡Y tan desvergonzado como siempre! Lo tuyo es una enfermedad.

—Heredada. Usted, que conoció a mi padre, Dios le tenga en su gloria...

—Lo dudo mucho, dada su lascivia.

—¡Bueno, bueno, un día es un día! —Se dirige al Resti—: ¿Usted no fuma?

—Lo dejé hace tres años y les confieso que no me arrepiento. Me encuentro mucho mejor; ya no me canso al subir las escaleras...

—¿Es que en su casa no hay ascensor? —ironiza don Amalio.

—Además, el tabaco me perjudicaba profesionalmente.

—Claro, para cacarear y todo eso... —Comprende la sorpresa de sus amigos y aclara—: No les había explicado que el señor Resti es imitador..., ¿cómo se dice?

—De aves, mamíferos y ruidos centrífugos —se apresura a decir Fina, muy ufana.

—¡Hola, hola! —comenta don Amalio sin saber de qué va.

—Muy interesante —dice el cura, no menos despistado.

Sólo el botones se atreve a preguntar:

—¿Y eso con qué se come?

—Es talmente un don divino —se extasía Fina.

—Todo cuanto poseemos son dones del Señor...

—Pero éste más, don Niceto. Anda, haz una exhibición, querido... —Y como se resiste, insiste—: ¡Vamos, no seas melindre!

—Es que, ante tan distinguida concurrencia...

—No se preocupe y rebuzne a gusto —estimula Sento.

—En fin, aunque, en atención aquí, a nuestro presbítero...

Se pone en pie, lleva las manos junto a la boca, a la vez que se aprieta las narices con los dedos índice y hace sonar unas campanadas brillantes, que no las mejoran los badajos de la catedral de Toledo el Domingo de Resurrección. El asombro es unánime; los aplausos, entusiastas. Sacramento, que anda por la cocina, aparece muy sonriente para preguntar:

—¿Desde cuándo se oyen campanadas en Madrid?

—Ha sido mi Resti.. —se envanece Fina.

—Pues a ver cuándo tocan a boda —dice la castiza, con muy mala uva.

Don Amalio se ha quedado pensativo.

—Quiero recordar... —musita en voz baja—. Quiero recordar que yo había leído algo acerca de estas curiosas facultades vocales... (1).

Sento se dirige a las camareras:

—Arreglad la mesa del dominó, mientras voy a buscar una sorpresa que tengo preparada.

Una vez que Sagrario ha quitado el mantel de una de las mesas, don Amalio va por la caja del dominó,

(1) Efectivamente, lo había leído en *Niñas..., ¡al salón!,* libro publicado por Planeta en la colección *Fábula,* actualmente en 30.ª edición, donde por vez primera se dio cuenta de tan singular personaje, entonces metido en inconfesables ambientes, que buen cuidado tiene ahora en olvidar.

que se guarda en los estantes de detrás del mostrador, junto a las botellas y desparrama las fichas sobre el mármol. Pregunta Resti a don Niceto:

—¿A cuánto se juega?

—Una cosa simbólica, naturalmente —aclara el catedrático.

—Yo solía jugar a veinte duros...

Los otros le miran con asombro. Juan Luis, el botones-cerillero está preguntando a Fina:

—¿Cree usted que ya puedo irme?

—Supongo que sí. Pero pídele permiso al señor Sento.

—Es que tengo clase de teórica a las seis...

Marcha hacia el cuarto del patrón.

—¿Qué estudia el chico? —se interesa Resti.

—Para árbitro. Sí, hombre, no pongas esa cara; para árbitro de fútbol. Tiene mucha vocación...

Sento ha aprovechado la oportunidad para vaciar la vejiga, cargada por el exceso de bebida. Se lava las manos, que siempre lo hace después de orinar, como buen profesional de la hostelería, consciente de que la higiene resulta fundamental en el oficio, y se refresca también la cara, para contemplarse finalmente en el espejo, con satisfacción indisimulada. Está feliz, lo reconoce; feliz y contento de sí mismo. Juan Luis interrumpe sus egocéntricas meditaciones.

—¿Necesita algo, señor Sento?

—Nada, nada; muchas gracias.

—Pues hasta mañana.

Alisa los pelos del cogote y regresa a la habitación, para sacar de uno de los cajones del mueble-secreter un sobre de regular tamaño cuidadosamente envuelto en papel de seda con dibujos navideños, de esos que utilizan los grandes almacenes para decorar los paquetes de regalo. Va a salir, cuando desde la puerta le sorprenden las risas de Sacramento y Sagrario.

—¿Se puede? —preguntan a dúo.

—¡Chiquetas! Pero ¿cómo se os ha ocurrido...?

—Es que ha estado usted tan gélido con nosotras... —se lamenta la madrileña.

—¡Y luego! Si parecía un frigorífico —remacha la gallega.

Se le acercan, mimosas y retozonas, con intenciones más que evidentes.

—Delante de don Niceto procuro siempre estar comprimido. Ya habréis visto cómo me controla...

—Pero en un día tan señalado...

—Y entonces nos hemos dicho...

—...¿es que no tendrá el amo ni siquiera un mimito para sus nenas?...

Vacila Sento. Las camareras están junto a él, una a cada lado, mirándole con ojos brillantes, cargados de deseo.

—Aunque sólo sea un besito para cada una... —susurra Sagrario.

—Un momento, un momento...

Va hacia la percha y toma un lienzo oscuro que está colgado allí; con él cubre la imagen de la Virgen de los Desamparados. Después da la vuelta a la fotografía de su santa madre (q.e.p.d.) y así, una vez guardadas debidamente las formas, puede morrearse fogosamente con las chicas. A duras penas logra desasirse de ellas, prometiéndoles gran función para la noche.

—Y ahora, sed buenas y volved al comedor.

Ha de lavarse de nuevo la cara: después toma el sobre y aparece teatralmente en el comedor, donde don Amalio, don Niceto y Resti aguardan, sentados en la mesa del dominó y Fina charla con las recién llegadas Sagrario y Sacramento, frescas como lechugas (y nunca mejor dicho). Sento se acerca a la cocinera.

—Bueno, Fina. Hace tres años que tú y yo empezamos este negocio. Tú y yo solos, ¿te acuerdas? Has trabajado mucho..., me has ayudado como una burra... ¡Che, ya me entiendes! Que yo no sé hacer discursos. Total, que quiero que tengas un recuerdo mío en este día tan histórico...

Los tres hombres se acercan al grupo. Todos rodean al Sento, que pasa nerviosamente el envoltorio de una a otra mano.

—Está bien que tengas estos detalles —aprueba, satisfecho, don Niceto.

—La señora Fina se lo merece, ¡vaya que sí! —corrobora don Amalio.

—Mi prometida ya me había hablado de su liberalidad y munificencia —adula, mintiendo, Resti.

Sento entrega solemnemente el emperifollado sobre a la homenajeada.

—En fin, ahí va mi regalo.

Muy nerviosa, Fina sólo sabe decir, y lo dice en valenciano, como habla siempre en las grandes ocasiones:

—*Moltes gràcies, senyor Sento!...*

Con dedos temblorosos rompe las cintas doradas, tarda en rasgar el papel de seda, se aturulla; hasta que, finalmente, abre el sobre, sacando de su interior algo que los demás no ven, pero que le hace exclamar, con voz cortada:

—*Che, senyor Sento...!*

Hay unos segundos de expectación. Hasta que Fina muestra el delicado obsequio a los demás. Es una fotografía de Sento, vestido de cocinero, con su gorro de cucurucho y todo, sobre el pecho las cintas y la medalla de la *chaîne de rôtisseurs* y una expresiva dedicatoria de su puño y letra: «A mi querida Fina, con todo afecto y gratitud. Sento Roig Carbonell.»

2. CLIENTELA DISTINGUIDA

—No, mire usted, muchas gracias, de maquinitas, nada, ya lo sé, tiene razón, toda la razón, es el futuro, ¡qué digo el futuro!, es el presente, que sin la informática no puede entenderse, en efecto, ahí está la guerra del Golfo, donde, en vez de soldados, combatieron ordenadores, me da lo mismo, oiga, no insista, que le repito que en mi casa no quiero cacharros de éstos, será manía, bueno, a lo mejor es manía, pero por última vez se lo digo, no, no y no, y en vista de lo pesado que se está poniendo, permítame que le dé una razón de peso, porque no me sale de los cojones, ¿vale?

El vendedor se marcha confundido, fracasado en su elocuencia comercial. Sento no quiere saber nada de la cibernética y ni se conmueve con la admirable exhibición que de su mercancía acaba de hacerle el bueno del vendedor, una registradora de líneas sencillas, diseño funcional, en cuya brillante pantalla aparece en un decir Jesús la factura del cliente, plato por plato, todo sumado impecablemente y el porcentaje del servicio y el del IVA y hasta la referencia del NIF. A Sento todo eso le suena a músicas celestiales, él pertenece a una generación alérgica a semejantes aparatos, sí, en efecto, hasta los niños de ahora juegan desde pequeñitos con los ordenadores, pero yo soy incapaz de entenderlos, ¡qué vamos a hacerle!, y ya no estoy en edad de estudiarme la cosa.

En realidad, lo que le pasa a Sento es que las

trampas le salen mejor a lápiz, así sabe meter clavo a los clientes de medio pelo y si alguno es tan chinche (los extranjeros suelen serlo) que repasa las sumas y nota el escalifurcio, pues perdóneme, caballero, ha sido un error, efectivamente, trescientas veinte más doscientas noventa y siete no son mil sesenta, lo corregimos en seguida, es que me hago viejo, caramba, claro, es verdad, hay ahora unas máquinas de calcular muy cómodas, pero toda la vida echando las cuentas a base de las tablas aritméticas, uno no sabe amoldarse a las modernidades, tampoco bailo el rock, sólo los boleros, en fin, usted dispense, acépteme una copita en nombre de la casa.

Y sin embargo Sento es un fenómeno haciendo cuentas; cada día se lo repite Fina cuando repasan la comanda del mercado, señor amo, es usted como una IBM, claro, querida, de otras cosas no entenderé y a mí no me vengas con la literatura o la geografía, pero de sumar y de multiplicar, ¡repalleta!, a los seis años ya me sabía las cuatro reglas y sólo me equivocaba a favor mío, que así de bien me han ido siempre los negocios. Y Fina, que sí que usa la máquina de calcular, dice:

—Ocho kilos de patatas a setenta y dos pesetas el kilo...

Y antes de que el aparatito lo sume, el Sento da el resultado:

—Quinientas setenta y seis. Sigamos.

—Cien kilos de arroz Sos, a doscientas diez el kilo...

—¿No te da vergüenza darle a la tecla para saberlo? Veintiuna mil pesetas redondas.

—Y dos kilos de angulas, a veintinueve mil pesetas el kilo.

—¿Cómo dices? ¿A veintinueve mil pesetas?

—Sí, señor. O sea, a dos mil novecientas los cien gramos.

—¡*Recollons,* qué animalada! —Sento usa pocas veces el tan consagrado taco vernáculo, pero nunca lo omite en ocasiones señaladas—. Pues entonces, por escasa que pongamos la ración, habrá que cobrarla a cuatro mil calas...

—¿Se acuerda cuando en el pueblo, claro que de eso hace cuarenta años, costaba la cazuela ocho pesetas en la barra? Aunque aquellas angulas eran del Saler, blancas, y éstas son de lomo negro.

—Pues por el precio, deben pintarlas a mano en Aguinaga.

—¡No, si ni siquiera son de Aguinaga! Vienen de Inglaterra.

Y los percebes de La Coruña son de Argel, y las ostras de Arcade, de Venezuela, y el salmón del Sella, de Noruega, y las naranjas...

—¡No me digas que las naranjas no son de Carcaixent!

—Pues todavía, sí; pero cada vez hay más marroquíes en el mercado.

—¡Eso, nunca! ¡En mi casa sólo tendremos naranjas valencianas! ¡Hasta ahí podíamos llegar!

A Fina, lo que le extraña es que hayan comprado angulas y ostras y percebes, que nunca las tuvieron en la carta, ni falta que hacía, porque lo que el personal quiere comer en «El Orgullo de la Huerta» es arroz, por encima de todo.

—Es que resulta, ¿sabes?, que han llamado del ministerio, que viene a comer el subsecretario y hay que ponerse a la altura de las circunstancias, porque estos señores son muy remilgados y piden siempre platos caros.

—¿Y quién es el subsecretario?

—¿Quién va a ser, ignorante? Un señor socialista que manda muchísimo. ¿Te acuerdas cuando venía a la tasca del pueblo el jefe provincial del Movimiento? Pues éstos son una cosa así, aunque con mucho más apetito. Y se han enterado de la fama de mis arroces...

—De nuestros arroces... —corrige cariñosamente la cocinera.

—Bueno, sí, de los nuestros, y vienen a probarlos. Tenemos que cuidar semejante clientela; así que Sagrario y Sacramento, que se pongan los uniformes nuevos y el chico que se limpie bien los zapatos y tú te vistes con la pechera almidonada, para cuando salgas a saludar.

—¿Salir a saludar? Mire, señor Sento: a mí estas cosas me dan mucha vergüenza... ¿Tan importantes son esos señores?

—Son los que mandan, ¿te parece poco?

—Claro. También comprendo que son los que pagan.

—Eso, ya no tanto. En realidad, sus facturas las pagamos entre todos.

—¿Es que piensa invitarles?

—No, mujer, no; es que van a cargo de los Presupuestos Generales del Estado...

Fina no lo entiende. Fina es tan ingenua, quizá tan tonta, que sigue votando a don Adolfo Suárez y se emociona oyendo cantar a la Pantoja. De modo que, sin entrar en mayores averiguaciones, se marcha a la cocina, a prepararlo todo y el Sento se encierra en el baño, para acicalarse y vestirse de punta en blanco, nunca mejor dicho, con el uniforme completo de su oficio y el gorro-cucurucho de maestro del fogón y hasta se cuelga del cuello la cinta con los colores de la *senyera,* de la que pende una medalla redonda, en las fotos da el pego, pues parece (y así lo dijimos antes, disculpen el *lapsus*) la de la *chaîne des rôtisseurs* y resulta que no es otra cosa que una condecoración fallera, la grotesca cara de un *ninot* rodeado de hojas de laurel y alrededor, en letras negras, la explicación de origen: «Falla del carrer Sogueros i adjacents. A su tasquero major.»

* * *

Los tres automóviles, negros, marca americana, muchos caballos, por supuesto con blindaje especial, calcúlese a ojo unos doce millones de pesetas por vehículo, vienen a buena marcha y doblan la esquina con chirriar de neumáticos y se detienen en fila frente a la tasca y antes incluso de que estén parados los motores, del primero y del tercero descienden unos muchachos altos, fuertes, podríamos decir hercúleos sin exagerar, son los escoltas, también llamados guardaespaldas y de mal nombre, gorilas, cuatro en total, que forman pasillo entre el coche de en medio y la puerta de «El Orgullo de la Huerta». Baja entonces del auto principal un caballero barbudo y alarga su mano para que le siga una señora (o señorita) vestida con exageración, algo cursi en realidad y después otra mujer, de similar edad, esa edad indefinida de los 35-40 tan difícil de precisar y finalmente pisa la acera un sujeto vulgar, anodino, pequeñajo, que mira a uno y otro lado para cerciorarse de que no hay peligro y entra con los anteriores en el local.

Sento espera, erguido, solemne, el gorro-cucurucho en posición vertical, como esperaban los tenientes de servicio al coronel para darle la novedad a la puerta del cuartel, aunque sufre un despiste, pues se acerca haciendo reverencias al sujeto menudo y le dice, con su más untuoso acento:

—Señor subsecretario, es un honor...

Pero el sujeto insignificante le hace gestos de que no, no es él y discretamente señala al caballero barbudo, a quien ahora se dirige nuestro mesonero, algo corrido, para repetir la frase tan ensayada:

—Señor subsecretario, es un honor para ésta su casa recibir a tan ilustres visitantes...

El subsecretario sonríe cordialmente y le ofrece la mano, una mano fina, con las uñas bien cuidadas por la manicura.

—Buenas tardes, amigo. Encantado de conocerle...

(Es muy campechano el señor subsecretario, muy sencillo en el trato, nada envarado; se le nota a la legua su talante democrático. Lleva la barba perfectamente dibujada, tiene los ojos claros y gruesos son los cristales de las gafas; responde, en definitiva, a ese tipo-estándar de político socialista, tan parecido, tan igual, que a veces uno llega a confundir al señor Serra con el señor Solana, digamos por ejemplo, porque también suelen hablar en el mismo tono de voz y decir las mismas cosas, o sea, nada concreto en definitiva, pero, eso sí, muy bien dicho siempre. El subsecretario presenta a la dama exagerada y algo cursi, aquí, Luisita, mucho gusto, señora, dice Sento y ella rectifica, señorita, con cierto mohín de disgusto y después éste es Feliciano Ramírez, mi primo y secretario particular, su señora, es un placer, pasen, pasen, les hemos preparado aquella mesa del fondo, si les parece bien, muy bien, ya lo creo, vamos allá...)

—¿Y para los escoltas? —pregunta Feliciano, que está siempre en acto de servicio.

—La mesa de la derecha y, según sus instrucciones, otra junto a la puerta.

—Perfecto. ¿Puede avisarles para que pasen?

Juan Luis se encarga de dar el recado; el subsecretario ha ayudado a Luisita, colocándole muy finamente la silla y todos se sientan después.

—Bien, bien, señor Roij —lo ha pronunciado mal, según resulta inevitable--. Porque se apellida Roij, ¿es eso?

—Realmente, es Roig, como si acabara en che —se permite aclarar Sento—. Pero ya estoy acostumbrado a que aquí, en Madrid...

—¡Claro, claro! ¡La admirable diversidad de las lenguas de los pueblos del Estado español! Usted procede de la Comunidad Valenciana, según tengo entendido...

—Sí, señor; soy valenciano, de Alfafar.

—¡Hermoso pueblo, en verdad!

—¿Lo conoce?

—No; pero tengo muy buenas referencias. Pues bien, amigo Roij —otra vez lo dice mal, se excusa con una amable sonrisa y hasta de manera expresa—. Disculpe. ¿Cuál es su nombre de pila?

—Vicente, para servirle. Pero todos me llaman Sento.

—Muy vernáculo, en efecto. Verá, Sento: hemos tenido conocimiento de que, a niveles de cocina típica, su restorán se enmarca en el contexto específico de los arroces, por lo cual venimos, obviamente, a verificar semejante especificidad...

Sento tarda unos segundos en reaccionar.

—Si lo que quiere usted decir es que aquí hacemos muy buenos arroces, debo reconocer que, por lo menos, esa fama tiene mi casa.

Luisita interviene, con voz cantarina, un tanto desagradable:

—A mí me gusta —dice— la paella con pollo y muchas gambas y pimientos y con unas tajaditas de lomo y chirlas. ¿Podrá ser?

Sento, dignísimo, reprime un gesto de irritación, aunque se siente obligado a defender la ortodoxia de la cocina regional.

—No, señora; quiero decir, señorita. Eso que usted dice no es paella.

—¿Cómo que no es paella? Recuerdo que una vez en Antequera...

El subsecretario la interrumpe; el subsecretario es un político cabal y un político cabal sabe que está obligado a limar asperezas, a reducir tensiones.

—Yo diría que el amigo Sento se refiere a que, dentro del marco de los arroces, se insertan peculiaridades múltiples, con problemáticas culinarias también diversas, aunque incidan en su habitual nomenclatura. ¿A que sí?...

—Bueno, verá... —La verdad es que Sento apenas ha entendido nada—. Lo que pasa es que la paella es una cosa y esos arroces de que habla la señorita, pues otra. Así que aquí también preparamos el *rosechat* y el *abanda* y a la marinera y con costra y hasta uno con salmonetes, que está riquísimo. Pero ésos no son paella.

—¡Qué lata! —lamenta Luisita—. Yo siempre llamo paella a todo lo que lleva arroz.

—Mal hecho, ya lo estás oyendo —reprende cariñosamente el subsecretario—. Entonces, Sento, profundizando en el tema y dentro de las coordenadas que configuran un buen almuerzo, ¿qué nos aconseja?

—¿Tiene mucho trabajo esta tarde?

El menudo Feliciano, primo y secretario particular, salta como impulsado por un resorte.

—¡El señor subsecretario siempre tiene mucho trabajo! —hace constar, indignado.

—Bueno, bueno... Querido Feliciano, si efectúas una lectura subyacente de mi agenda constatarás que hasta las seis de la tarde me encuentro libre de compromisos no coyunturales...

—Pues entonces, si me lo permite, les prepararé el menú a mi gusto. A base de arroces, naturalmente. Imagino que los chicos ésos..., quiero decir, los guardaespaldas, comerán lo mismo.

—No necesariamente. Consúlteles: hay que respetar las libertades individuales consagradas en la Constitución.

Luisita continúa en plan borde (que no cabe expresarlo de otra forma).

—¿Y en qué consistirá eso que dice? —pregunta con buscada impertinencia

—A ver qué les parece. Empezaremos picando unas *clòchines,* o sea, mejillones; un poco de *esgarraet,* quiero decir, bacalao en aceite, y ensalada de lechuga y tomate y *botifarrons* y *llonganissetes.* Después de estas frivolidades, una degustación de arroz caldoso y de arroz abanda y, finalmente, la paella.

—¿No resultará excesivo? —duda el subsecretario.

—Descuide; serán como muestras.

—Pues yo quiero angulas —Luisita, claro—. Si es que aquí tienen...

—Desde luego que tenemos. Y de lomo negro. —Se dirige al subsecretario—: ¿Para beber?

—Cualquier buen rioja; eso sí, reserva del sesenta y cuatro...

—Lo siento: tendrá que ser del setenta.

—Tampoco es mala cosecha; vale.

—Voy a disponerlo todo. Con su permiso, señor subsecretario...

—Déjese de protocolos y llámeme Marciano a secas.

—Como usted mande, don Marciano...

Lo que, de momento, manda también don Marciano es que les traigan unos whiskies hasta que llegue la comida, y Sacramento, muy puesta de uniforme de estreno, los sirve procurando esmerarse, aunque se le escurre uno de los cubitos de hielo y salpica a Feliciano, que la disculpa sonriente, porque la moza, naturalmente, le ha gustado una barbaridad y su mujer, que apenas habla, pero está en todo, le recrimina en voz baja, hay que ver cómo miras a esa chica, caramba, tampoco es para tanto y Luisita saca el tema de los más recientes escándalos sociales, no sé si os habéis enterado, lo último de la ex mujer de Pancracio, el director general de BANKISA.

—No me interesa la vida privada de la gente —advierte Marciano, sin duda enojado porque es amigo y algo socio de Pancracio.

—¡Pero, cariño, si la vida privada de Isabel Porras no puede ser más pública!

—Cuenta, cuenta... —le anima Feliciano. Y su primo y subsecretario le reconviene:

—A ti tampoco te interesa.

Pero a las mujeres les entusiasma, y Luisita lo sabe todo, de pe a pa, recuerda que Isabel dejó a su marido por Luz Torcal, la chica esa que hace anuncios para la tele, medio en pelotas, y después se lió con un ingeniero, mientras la mujer de éste vivía un romance con Pancracio, o sea, su marido y el verano último estuvo unida sentimentalmente con un futbolista...

—¡Qué horror, con lo que deben oler a linimento Sloan!

—Pero espera, espera, que la semana pasada, en

el colmo de la indecencia, ¿a qué no sabes lo que ha hecho esa degenerada? ¡Reconciliarse con su marido!

—¡Qué barbaridad! Yo no sé a dónde vamos a llegar...

—¡Ya está bien! —se enoja Marciano—. ¡Basta de chismorreos!

—Pero si es que la biografía de esa mujer parece un serial...

—¡Y no uses terminologías obsoletas! Ahora se llaman culebrones; los seriales eran cosa del régimen anterior...

Serial o culebrón, el tema continúa apasionando a las mujeres y Luisita explica:

—A todas éstas, en *Diez minutos* le han dado tres millones por la exclusiva de la reconciliación.

—¡Así cualquiera! —justifica la otra.

—Y es que somos tontas. Porque yo sé de una artista muy famosa, que por cierto ya no es ninguna niña, que ha hecho un lote y le ha vendido a una agencia la exclusiva del divorcio, del posterior romance, del subsiguiente matrimonio civil, del posible embarazo y futuro alumbramiento, del bautizo y, naturalmente, del nuevo divorcio.

—¡Vaya talento!

—Total, veinticinco millones de pesetas.

Don Marciano, el subsecretario, que estaba cuchicheando algo con su primo Feliciano, oye campanas económicas y pregunta con interés:

—¿De qué diputado habláis?

—No, querido, no se trata del tráfico de influencias, sino de negocios del corazón.

—¡Ah, bueno! Entonces no hay óbice...

Sacramento y Sagrario llegan con los entremeses, las «cositas para picar», que bastarían para alimentar a un escuadrón de lanceros y los comensales dan de lado el chismorreo social para entregarse al condumio. En la cocina, mientras, Sento y Fina se esmeran con los arroces, bajo la mirada atenta del Resti, que justifica su curiosidad con el deseo de aprender artes culinarias paelleras, por si en algún momento puede ser de utilidad a la casa. Hasta que llegue la ocasión, hace compatible su afán docente con la ingestión, a grandes bocados, de un colosal bocadillo de mortadela, que ayuda a pasar con largos tragos de vino clarete; pues lo del agua mineral del primer día fue un simple efecto, un golpe sicológico para entrar con buen pie en los afectos de Sento.

Ya está listo el primer arroz; el propio mesonero lo lleva hasta la mesa de los distinguidos clientes y lo exhibe con orgullo de artista.

—¡Tiene un aspecto fastuoso...! —elogia don Marciano.

—Huela, huela... Con la mano; permítame... Ahueque los dedos...

Lleva el brazo del subsecretario hacia los humeantes granos.

—Aspire, por favor...

—¡Un aroma embriagador!...

Luisita, según costumbre, da la nota:

—Bueno... ¿y qué hay de mis angulas?...

Pero incluso ella reconocerá, una hora más tarde, que los arroces estaban riquísimos, sin comparación con aquella paella que creía haber comido en Antequera. Feliciano se ha desabrochado muy discretamente el botón del cuello, aligerando de su presión el nudo de la corbata y su mujer toma un poleo, porque resulta lo más digestivo y la verdad es que se ha pasado en las raciones. Juan Luis se acerca con la caja de puros.

—¿Un cigarro?

—¡Por supuesto! A ver... Sí, éstos.

Toma varios y ofrece uno a su primo y secretario.

—No sé, no sé... —duda el pequeñajo—. Eso es demasiado puro para mí...

—¡No me digas que te cohíbes con un Cohibas!...

Luisita, según en ella es norma, celebra ruidosamente la presunta gracia de su hombre:

—¡Muy bueno, Marciano, muy bueno! —Y a Juan Luis—: ¿Tienes Montecristos del cinco?

—Sí, señora...

Elige uno, lo muerde por la punta, escupe sin el menor reparo la brizna sobrante y acepta el fuego que, obsequioso, le ofrece Feliciano.

—¿Se los pongo en la cuenta? —pregunta Juan Luis.

—¡Naturalmente, muchacho! ¡Todo a la cuenta!... —advierte que Sento está junto al mostrador y le llama, levantando la voz. Acude el mesonero, llevando casi a rastras a Fina, vestida con sus mejores galas de cocinera.

—¡Colosal, Sento! Un auténtico banquete, con la grata peculiaridad de sus raíces autonómicas. Así que vas a permitirme que te tutee y ahora te sientas con nosotros y te fumas este purito...

—Con mucho gusto. Pero antes quiero presentarles a mi colaboradora en la cocina, la señora Fina...

—¡Enhorabuena, señora! Le aseguro que en pocos eventos gastronómicos he alcanzado, fíjese bien, la sublimación del placer estomacal, a niveles casi de lujuria, como en este día.

—Vaya, pues no sabe cómo lo celebro... —tartamudea la cocinera, colorada como un pimiento morrón.

—Dile a las chicas que traigan licores —le indica Sento. Que aclara a la concurrencia—: Invita la casa, con todos los respetos...

Al tiempo que Fina se marcha para cumplir el encargo, ha llegado don Niceto, que discretamente queda junto a la puerta, bastante extrañado por la euforia que reina en la mesa. Especialmente, le desagrada el espectáculo de Luisita, echando humo por las narices, enarbolando con ostentación su habano. Tan contenta está, que juguetea con la barba del señor subsecretario y, en un arranque, manifiesta:

—Pues la verdad es que he comido de rechupete; éstos son placeres y no otros, querido... Claro que aquí, Sento sabe lo que se hace. ¿Coges onda?...

Don Niceto da media vuelta, con clara intención

de marcharse; pero Sento ha reparado, por fin, en él y le llama:

—¡Che! Pero ¿estaba usted ahí? ¡Venga, venga!... —le explica a don Marciano—: Es que a eso de las cinco jugamos todas las tardes una partidita de dominó y don Niceto es mi compañero... —presenta en seguida—. El señor subsecretario...

—Buenas tardes —saluda el cura, con manifiesta sequedad. Por contra, el subsecretario le responde jubiloso:

—¡Siéntese, siéntese, por favor! Éste es Feliciano, mi primo y secretario particular; su esposa. Y Luisita.

Don Niceto se limita a hacer una leve inclinación de cabeza.

—¡Qué comida nos ha dado su amigo, oiga! ¡Lo que hemos disfrutado!

—Ya, ya se nota...

—¿Quiere un purito? ¿De qué marca?

—No, gracias. Sólo fumo pitillos; de hebra. Además, me los hago yo...

Y saca una petaca y el librito de papel de fumar y comienza a liar un cigarro.

—Ciertamente, se trata de un hábito obsoleto... —comenta don Marciano.

—Pues ya vé; en mi caso, el hábito hace al monje. Porque yo también estoy bastante... obsoleto.

Entonces interviene Luisita, siempre inoportuna:

—Pues a mí me encantaría saber liar cigarros. Porque chicos, es una lata cuando estás sola y te apetece echar un porro..., quiero decir, un pito...

—A usted, lo del pito le sonará mejor —el subsecretario echa un capote a su amante.

—Digamos que me suena desafinado...

Menos mal que la llegada de las camareras, con las bebidas obsequio de la casa, corta la evidente tensión del momento. Don Marciano, para suavizar todavía más, incrementa los elogios, ahora dedicados al servicio:

—Y estas muchachas, amigo Sento, ¡qué grandes profesionales! Unas camareras diestras, eficaces, simpáticas; además, tan bonitas...

—Favor que nos hace... —agradece Sacramento.

—Imagino que estaréis muy satisfechas, con semejante patrono, quiero decir, empleador...

Un extraño silencio contesta a la pregunta, de modo que Sento tiene necesidad de explicarse:

—Bueno, verá usted... Las chicas querrían que las apuntase en la Seguridad Social.

—Pero ¿cómo? ¿No están dadas de alta?

—Es que, compréndalo... El negocio no da para tanto...

—Pero la Seguridad Social es sagrada, amigo Sento. Constituye una obligación primaria, puesto que garantiza la atención sanitaria de los trabajadores.

—Ya. Lo que pasa es que éstas, para mí, no son trabajadoras.

—No me digas que las quieres como si fueran de la familia; se trata de una excusa burguesa desacreditada, que en nuestra democracia no podemos aceptar en absoluto.

—No, no quería decir eso... —duda, hasta decidirse—. Lo que pasa es que las chicas también son mis queridas.

Don Niceto da un respingo; el subsecretario enmudece; Feliciano y su mujer se miran, perplejos; sólo Luisita comenta:

—¡Huy, qué gracioso! Porque claro, eso no estará previsto en la Ley de Seguridad Social, ¿verdad?

Don Marciano reacciona, al fin; sonríe condescendiente y, dirigiéndose a las camareras, les dice:

—¡Qué buen humor tiene el Sento!

—Oiga, que lo que ha dicho va a misa —confirma Sacramento. Observa el gesto del cura y condiciona la frase—: Es un decir, ya se entiende...

—Bueno, ¿por qué no os vais adentro? —casi exige don Niceto, que se levanta y con cara de pocos amigos se despide bruscamente—: Buenas tardes...

—¡Che, don Niceto, que van a llegar los de la partida! —recuerda Sento.

—Salúdales de mi parte.

Se marcha sin mayores explicaciones; incluso da un portazo al salir. En la mesa se hace un silencio glacial, que rompe Luisita:

—Me parece que su amigo, el cura, se ha enfadado...

—Es muy buena persona, pero antiguo.

—Ya; no hay más que ver cómo va vestido.

—Además, lleva unos días preocupado, porque tiene muchas necesidades en la parroquia... Sobre todo, en la escuela; necesita arreglar los bancos y quisiera unas estufas, porque los críos se pelan de frío y también le hacen falta no sé qué libros... Pero, claro, todo eso cuesta dinero. Y en la tenencia de alcaldía le han dicho que no le dan ni un duro porque ya se sabe que vivimos en un Estado escéptico.

—Querrás decir agnóstico.

—Bueno, eso. ¿No podría usted echarle una mano, señor subsecretario?

—Lo estudiaremos. —Se pone en pie y los demás con él—. Después del banquete que nos has ofrecido, eres merecedor de una recompensa. ¿Qué le hace falta a tu amigo?

—Poca cosa... Yo creo que con cuarenta mil duros se apañaría.

—Toma nota, Feliciano. Con cargo a los gastos reservados del departamento. A fin de cuentas, es una atención social. Y una minucia.

—¡Muchísimas gracias, don Marciano!

—Que te las dé a ti el clérigo preconciliar. ¡Ah! Tendré que firmar la cuenta del almuerzo...

—No es necesario, por favor...

—Bueno, bueno; envíala al ministerio. Otra cosa: como muchos días apenas me da tiempo de salir a almorzar fuera, ya sabes, las exigencias del cargo, los deberes inexcusables de un puesto al que he accedido por la voluntad del electorado, libremente manifestada en las urnas, ¿podrías mandarme algún arrocito al despacho?

—Por supuesto. Siempre que me avisen al menos con una hora de anticipación y venga alguien a recoger el servicio.

—Desde luego. Feliciano, toma nota también del teléfono.

Ya en la calle, hasta donde les acompaña Sento, el subsecretario, ya lo dijimos, campechano, cordial, muy demócrata, estrecha entre sus brazos al mesonero y le reitera su entusiasmo por los platos que acaba de descubrirle, nunca pensé, palabra, que existiesen semejantes variedades de gramíneas cocinadas, si se refiere a los arroces, don Marciano, está usted empezando a conocer, como aquel que dice, las muchas formas de prepararlos, ya verá cómo sabe el *rosechat,* que lleva los ingredientes del cocido, pues nada, la próxima vez lo probaremos, ha sido un placer, lo mismo digo, quedo a sus órdenes, habrás comprobado que, aunque la oposición diga lo contrario, somos receptivos a las demandas sociales, no empece que provengan de la clase eclesiástica más reaccionaria, muchas gracias, señor subsecretario, tiene toda la razón, en fin, han tomado posesión de su casa, señorita Luisa, don Feliciano, señora, ¡qué voy a decirles!

Suben a los coches, los escoltas que van en cabeza arrancan con el suyo: a través de los cristales del Opel blindado, el señor subsecretario deja ver su mano, fina y elegante, agitándose en un cordial gesto de despedida y hasta Luisita sonríe con simpatía (en lo que en ella cabe). Vuelve al comedor Sento y va pensando si don Niceto habrá entendido sus intenciones, que se teme que no, y cuando Sacramento le dice que se ha pasado, que no se pueden decir así las cosas, él contesta con cierto misterio:

—Son tácticas, mujer; tácticas diplomáticas.

* * *

El Resti se sienta ya en la cocina como quien lo hace en terreno propio; y, con el mismo sentido dominical, llena nuevamente la copa de Armagnac, que acaba de terminarse, mientras Fina le mira, entre enojada y melosa.

—Ésta y no más, querido... —advierte.

—¡Pero, dueña mía, si sólo es la segunda! Y ya conoces el refrán: no hay dos sin tres...

—Ni refranes ni historias: ¡He dicho que basta y basta! —Agarra con energía la botella—. Además, lo hago por tu bien.

—Mi bien eres tú...

—Pero tu hígado es tuyo y lo tienes hecho un asco. Así que se acabó...

—Finita..., apiádate de tu pequeño ruiseñor...

El asombroso imitador de aves, etc., emite unos dulcísimos trinos; pero Fina no cede, tapa la botella y la devuelve a la alacena. Resti, poniendo cara de malvado, hace como que encañona a su enamorada con el dedo índice y simula unos disparos. Tampoco consigue impresionarla.

—Déjate de tonterías y explícame cómo van los invertidos...

—Las inversiones, querida. Que no es lo mismo, ni muchísimo menos...

—Tú ya me entiendes: el dinero que te voy dando cada mes...

(El Resti, cuya capacidad de convicción resulta infinita, se ha convertido en administrador de las ganancias de su prometida, llamémosla así, porque así lo cree ella, que no son desdeñables, pues según su acuerdo con Sento, pacto verbal, por supuesto, fielmente respetado por las partes, participa en un porcentaje sobre los beneficios del restorán. Lo que le está suponiendo unos treinta mil duritos al mes, además del salario base.)

—Pues verás: las últimas cien mil pesetas las coloqué en acciones de FENOSA.

—Oye, que eran ciento treinta mil.

—Justas. Pero ¿de dónde crees que ha salido esta chaqueta sport que hoy estreno, para que mi reina y señora pueda presumir de hombre?

—¡Qué golfo eres, cariño!

—Golfo y en la mili, cabo y ahora, río de pasiones; para ti soy un tratado de geografía...

(Fina es consciente de la frescura del imitador; pero se encuentra tan falta de cariño, ha padecido tal soledad en su vida, que agradece sus zalemas, sus arrumacos y sus arremuescos. Son muchos años esperando que algún hombre llame a la puerta de sus sentimientos: sobre todo, aquel muchacho que tanto le gustaba en el pueblo y que nunca, nunca vio en ella más que una compañera de juegos infantiles, primero; una simpática vecina, más tarde, una colaboradora en su negocio, últimamente. Así que, desengañada, clausuró hace tiempo sus ilusiones y ahora da por buenos los galanteos de este hombre, de quien apenas sabe nada, del que comprende que no debiera fiarse demasiado, pero que halaga su vanidad de mujer, la trata con cariño, parece interesado por ella...)

Llaman a la puerta.

—¿Quién será a estas horas?...

Es don Niceto, con gesto grave, muy grave; pregunta por Sento; sí, está en su cuarto; deja, no te molestes, conozco el camino... Y Sento, que se ha asomado discretamente por la puerta del fondo y ve llegar al cura, se hinca de hinojos frente a la imagen de la *Mare de Déu,* junta las manos y hace como que reza devotamente. Tal le encuentra el clérigo, que no está por escenas dramáticas y, sin mayor preámbulo, le dice que se deje de pamemas y se siente, pues tienen que hablar muy seriamente.

—Supongo que habrás meditado sobre tu conducta de ayer... Tu incalificable conducta...

—Déjeme que le explique; fue una táctica diplomática...

—Fue un alarde de poca vergüenza. Ante varias personas, por mí desconocidas, presumiste públicamente de encontrarte en pecado mortal, poco menos que con mi consentimiento.

—Pero le he conseguido el dinero que le hacía falta, que eso no lo sabe...

—¿A qué precio? A costa de mi dignidad de sacerdote, que ultrajaste y menospreciaste.

—¡Che, don Niceto, que no es para tanto!

—Me hiciste un daño muy grande; y aún fue mayor el que inferiste a tu alma...

—¡No se ponga así, repalleta, que soy capaz de echarme a llorar!

—¡Llora, llora! Es lo menos que debes hacer para desagraviar a esa Virgen, ante cuya imagen sólo ella sabe cuántas gorrinadas habrás hecho.

—¡De eso, nada! Que antes de meterme en faena, siempre la tapo. Con ese paño precisamente.

Don Niceto no puede reprimir un amago de sonrisa.

—¡Pero qué animal eres! Y te quedarás tan tranquilo, claro...

—Lo hago para guardar las formas... Porque yo no soy mal cristiano, oiga: lo que pasa es que me tira mucho la bragueta... Y cuando veo a una real hembra, me sube por aquí un hervor y una especie de calentura...

—¡Pues te enfrías y en paz! Te aguantas, como nos aguantamos otros...

—Usted, porque no le queda más remedio; que para algo es cura. De los de antes, claro... Porque ahora tiene cada colega jovencito...

—¡No digas sandeces! Eres un obseso, un enfermo...

—¡Eso debo ser! ¡Un enfermo! O sea que no peco...

—Sí que pecas. Ya que no haces nada para evitar las tentaciones, para frenar tu concupiscencia. Distráete con otras cosas, diantre, deja de tener la idea del sexo metida en la cabeza... Ocúpate..., qué sé yo, de coleccionar sellos, de hacer deporte...

—Ya juego todos los días al dominó, y ni por ésas...

Don Niceto le mira de hito en hito.

—Por cierto, comprenderás que no puedo volver a sentarme en la mesa contigo. Así que empieza a buscarte otro compañero, porque yo te dejo...

—¡Usted no es capaz de hacerme eso!

—Tú te lo has buscado. Después de lo de ayer, resulta imposible que yo continúe en la partida.

—Entonces, ¿no piensa perdonarme nunca?...

Sento está al borde del llanto; sinceramente, auténticamente.

—Primero tendrá que perdonarte Dios...

—¿Qué quiere decir? ¿Que me confiese? ¡Pues, hala, cuando quiera!...

Se arrodilla, inclina la cabeza. Don Niceto le agarra de la mano, para levantarle.

—No, Sento; para eso necesitas ánimo de enmienda. Y me parece que tú...

—¡Le prometo que las mujeres se han acabado para mí! ¡Pero el dominó, no, repalleta!

El cura suaviza su tono de voz; ahora le habla cariñosa, paternalmente:

—Mira, creo que te conozco bien; por supuesto, también conocía tus relaciones pecaminosas con esas chicas...; sí, porque soy cura, pero no tonto. Aunque pensaba que cambiarías, que te darías cuenta de que los placeres de la carne no dan la felicidad...

—Bueno, bueno; de eso habría mucho que hablar...

—Mientras fuiste discreto, yo me hacía el distraído; pero lo de ayer no me permite seguir más en esa actitud de aparente ignorancia. Es preciso, por tanto, que demuestres con hechos tu contrición..., que cambies radicalmente de costumbres...

—No exagere, que tampoco soy Espartaco Santoni...

—Tú no eres malo; lo sé. Y haces muchas obras de caridad y no tienes envidias y no eres rencoroso... ¡Pero, hijo, en cuanto llegas al sexto mandamiento...!

—Ahora ya no es tan grave como antes; no hay más que leer los periódicos...

—La ley de Dios no ha cambiado. —Hace una pausa y musita—: Aunque la verdad es que ha salido mucha jurisprudencia interpretativa... —Reacciona en seguida—: ¡No te lo consiento, ea! Tienes que convertirte en una persona decente.

—¿Y si lo hago, volveremos a jugar al dominó?

—Primero, limpia tu conciencia; que después, ya veremos.

Sento da unos pasos, meditabundo.

—¿Sabe lo que le digo? Que tiene razón; tanta cama termina aburriendo. Además, cada día me canso más. O sea que se acabó. Decidido: me volveré más casto que el casto José. Se dice así, ¿verdad? —Duda unos momentos—. Oiga, ¿y qué hago con las camareras?

—Ser para ellas nada más que un patrono edificante.

—Pero entonces tendré que subirles el sueldo...

—Y darles de alta en la Seguridad Social. Y, sobre todo, respetarlas...

—¡Qué vamos a hacerle!... —Se anima súbitamente—. Bueno, arreglado; esta tarde, partidita...

—No, Sento, no; el camino es largo y has de convencerme de que llegarás al final. Piénsalo bien; medita tu decisión. Como cuando cierras con el seis doble...

Le ofrece la mano; el Sento se la estrecha muy fuerte y después, en un arrebato, se la besa. Hay en la mirada del sacerdote un punto de humana comprensión; aunque, sin mayor comentario, sale del cuarto, dejando a su amigo absolutamente hundido. Enciende un cigarro, se planta delante de la imagen de la Virgen y habla con ella con la confianza de sus años infantiles:

—¡Qué compromiso, *Mare de Déu*! ¡Anda, que como no me eches tú una mano...!

Pasa unos minutos ensimismado, caído en el sillón, solo con sus pensamientos. En semejante postración le encuentran Sacramento y Sagrario, que entran jaraneras y revoltosas, según costumbre.

—Buenos días, señor amo...

Como si despertara de una pesadilla, Sento, con malos modos, pregunta:

—¿Qué pasa? ¿Qué queréis?

—¡Huy, qué genio! Nada: decirle que ya hemos llegado. Como todos los días...

—¡Como todos los días, no! —Se pone en pie, muy irritado—. Hoy es otro día, mañana será otro día... Ya no habrá días iguales... Conque poneos los uniformes y a trabajar... ¡Andando!... —Las mira con ojos críticos—. ¡Y subíos esos escotes, que vais provocando tentaciones!...

Las chicas, que no entienden nada, salen cuchicheando palabras de perplejidad; se cruzan con Juan Luis, que viene también a ponerse a las órdenes del jefe.

—Espera —le dice éste—. Tienes que hacerme un recado; acércate a la farmacia y me compras un frasco de bromuro.

—¿De cianuro? —se extraña el botones, mientras recoge el billete de mil.

—¡Animal! ¡Que no se trata de que quiera suicidarme! Aunque, sí —reconoce con tristeza—, un poco de suicidio va a ser esto... ¡Bromuro, bromuro! Te lo escribiré, que tú eres capaz de envenenarme...

—Perdone, pero es que nunca había oído hablar de esa medicina...

—¡Cómo se nota que no has hecho la mili!... —Le da la nota que ha escrito—. ¡Venga! ¡A la botica!...

Nuevamente se dirige a la imagen de la Virgen.

—¿Qué más puedo hacer para volverme casto?...

3. EJERCICIO DE SEDUCCIÓN

Pese a todo, hubo partida aquella tarde y también los días siguientes. Aunque fueron unas partidas mortecinas, aburridas, sin interés, pues el sustituto de don Niceto, Juan Luis, el botones-cerillero, tenía cortos conocimientos del dominó, lo que irritaba a Sento, tan habituado a la compañía del sacerdote, que ahora se desesperaba con su pareja, incapaz de captar sus miradas insinuantes y hasta de ignorar algún mínimo gesto indicativo, que, aunque rigurosamente prohibido en el juego, él sabía componer con tanta astucia, que pasaba inadvertido para los contrarios, aunque no para el cura preconciliar.

Por si algo faltara, Juan Luis andaba aquella temporada ababol y distraído, con la sola obsesión de sus cercanos exámenes para árbitro de segunda división, en los que centraba su máxima ilusión y a cuya preparación habíase entregado con tesón y porfía. De tal forma que, para acumular méritos, ampliaba el estudio de las reglas del juego y demás zarandajas técnicas con unas clases de lenguas balcánicas que le impartían en la Academia Rigat, ya que pensaba el muchacho, y razón le sobraba, que tal como se ha puesto el fútbol en el país, un *referee* precisa conocer rudimentos de yugoslavo, de búlgaro y de rumano para poderse dar por aludido y reaccionar con la natural tarjeta roja, cuando algún futbolista de esas nacionalidades, tan abundantes hoy en todos los equipos, le miente a su señora madre en un momento de obcecación y arrebato. Y lo haga, obviamente, en su lengua vernácula.

Al Sento, la castidad le había aplanado, provocándole una flojera de ánimo, una lasitud, una astenia talmente contrarias a los síntomas que debía presentar, pues, al decir de los eruditos, en tales casos de inactividad sexual, los nervios se excitan y se manifiestan en forma de irritaciones frecuentes y airadas reacciones y crisis coléricas; muy al revés, estaba él decaído y menguado, así que Fina se lo notó pronto y quiso conocer la razón de aquel cambio, pero él no sabía contestar más que con una frase-sonsonete, con una máxima-retintín que se había inventado, en sus íntimas y tristes cogitaciones:

—La decencia es mala para la salud...

Una tarde estaba sentado en el comedor con el Resti, a la espera de que llegase don Amalio para comenzar la partida descafeinada, como había dado en llamarla, cuando decidió compartir sus tribulaciones con el imitador de aves. Después de todo, razonó, aquél era hombre sin duda experto en cuestiones de erotismo y quizá podría darle ideas que hiciesen compatible su promesa a don Niceto con algunas prácticas lujuriosas. Y, de buenas a primeras, le espetó:

—Perdone la indiscreción: ¿usted funciona bien?

—¿En qué sentido? —se extrañó el otro.

—¡Repalleta, en cuál va a ser! Me refiero a si cumple como varón...

—Ahora le entiendo. Pues verá: no me quejo.

—Eso no quiere decir nada; a lo mejor es de pocas aspiraciones y buen conformar.

—Pero la otra parte, ya se imaginará que me refiero a la femenina, suele mostrarse plenamente satisfecha. Es el mejor indicio. —Se le quedó mirando muy fijo—. Oiga, ¿acaso es que usted ya no...?

—Yo ahora, nada. Nada de nada. —Aunque aclaró rápidamente—: No por falta de facultades, cuidado. Se trata de una especie de promesa...

Resti torció el gesto.

—No quisiera alarmarle y, por supuesto, respeto las razones de su decisión pudorosa; pero a estas edades nuestras no es conveniente romper el ritmo, pues se corre el peligro de que los mecanismos se atasquen. Las máquinas algo gastadas, y usted disculpe, pero no vamos a engañarnos respecto a las nuestras, si dejan de funcionar algún tiempo, difícilmente recuperan su pleno rendimiento.

—¡Ah, caramba! O sea que se encasquillan.

—Algo así. Por eso, yo mantengo una cierta regularidad en las cópulas; dos-tres, dos-tres...

—¿Mensuales?

El Resti le miró con indignación.

—¡A la semana, naturalmente!

—¿Y qué es lo que toma para aguantar semejante compás?

—Nada. Desgraciadamente, la ciencia, que a finales del siglo veinte tantas cotas de sabiduría ha alcanzado, que ha puesto al hombre en la Luna y ha erradicado enfermedades antes incurables, continúa sin proveer remedios para dos taras históricas del macho: la alopecia y la impotencia.

—Vaya que sí —confirmó Sento, pasándose la mano por su oronda calva—. ¡Porque si supiera los cuartos que me he gastado en lociones milagrosas para evitar la caída del pelo!... Una vez llegué a probar un mejunje que decían que resultaba tan infalible, que con el tercer frasco regalaban un peine. Pues ya ve cómo estoy...

—Sin embargo, eso no debe preocuparle; un cráneo reluciente puede tener indudable atractivo. Acuérdese de Yul Brynner. En cambio, lo otro...

—Sí, lo otro es peor. Sobre todo después de lo que me ha dicho sobre el peligro de interrumpir la actividad... Ahora me doy cuenta de que ya no siento las calenturas de antes... Porque, ¿sabe?, en cuanto veía a una chavala maja, y a mí casi todas me lo parecen, ¡me subía un hervor por aquí!... —Se acordó del bromuro—. También es verdad que he procurado frenarlo de propósito...

—Allá usted. Pero si sigue así, le va a costar trabajo recuperar facultades...

Sento se queda muy preocupado. Sento lleva casi un mes de abstinencia carnal y, lo que es peor, ha perdido ilusión en la materia. Sento, dándole vueltas en la cabeza a su conversación con don Niceto, llega a la conclusión de que su promesa consistió en dejar tranquilas a las camareras, por la cosa del escándalo, pero sin comprometerse expresamente a prescindir de escarceos fuera del ámbito doméstico. Sento, dispuesto a reanudar su vida erótica, aunque dentro de la más estricta discreción, echa a la basura el frasco de bromuro y decide hacerse un chequeo, para retornar al quehacer del tálamo en plenitud física.

Su visita al médico ha de provocar inesperadas consecuencias; pues por su causa conocerá a don Armando de la Encina y Sainz de Vizmanos, abogado de los Ilustres Colegios de Madrid y Alcalá de Henares, docto jurisperito y singular personaje, según tendremos ocasión de saber en seguida.

* * *

La tarde está de lluvia; Sento ha renunciado a la partida diaria, sin demasiado esfuerzo, pues este dominó ya no es el que era y, frisando las cinco de la tarde, en otros tiempos hora taurina, sale a la calle, bien puesto de gabardina y hasta con paraguas, que en la calva resultan asaz molestos los picoteos de las gotas y camina unos pasos por la acera, hasta la esquina, que por la calle que baja desde Hortaleza suelen pasar bastantes taxis, aunque hoy, claro, con este tiempo, ya se sabe lo que ocurre en Madrid en cuanto llueve, que desaparecen las luces verdes y se organizan atascos tremendos. A ver si hay suerte...

Lleva más de un cuarto de hora aguardando, cuando un vehículo S. P., venturosamente libre, dobla por la esquina inmediata y avanza lentamente hacia él.

Agita Sento su brazo con energía, acompañando el gesto con la ritual llamada:

—¡Eh, taxi!...

Pero al mismo tiempo, exactamente, justamente, cabalmente a la vez que él, un caballero cuarentón, con impermeable blanco y gorra beige, ha levantado también su brazo y gritado con similar firmeza:

—¡Eh, taxi!...

Sento y el de la gabardina llegan a la par hasta el taxi, que se ha detenido mansamente junto a la acera y al unísono llevan su mano derecha a la manija de la portezuela y los dos pretenden abrirla a un tiempo.

—Perdone —dice Sento—, pero yo lo llamé primero.

—De eso, nada. La llamada inicial fue de servidor —replica el otro.

El taxista, imperturbable, impasible, impávido, les mira con la tan inescrutable cara de póquer.

—Disculpe, la preferencia es mía.

—Preferencia, ¿de qué?

—De haberme adelantado.

—¡*Amos,* bueno!

—En fin, si le parece que lo diga aquí, el taxista.

—Eso: que se pronuncie el titular de la licencia.

—Veamos, amigo. —Sento se dirige al taxista, con su más afectuosa sonrisa—. ¿Es cierto que le llamé yo antes?

—¿A que no? ¿A que fue el que suscribe?

—¡Conteste, repalleta!

El taxista no se da por aludido, continúa mirándolos con absoluta indiferencia.

—Servidor estaba ahí..., ¿no es eso? —le recuerda Sento—. Y apenas asomó usted por la esquina, le llamé...

—Pues uno tampoco anduvo lento de reflejos, ¿verdad?

—Mire, caballero, lo siento muchísimo; tengo una prisa enorme...

—¿Es que le parece que yo voy al ralentí?

—Me espera el médico... —Mira el reloj de pulsera— dentro de diez minutos.

—Y a mí, un detenido, presunto reo, desde ya. Porque soy abogado en ejercicio.

—A un lado nuestras particulares urgencias, resulta que yo llamé primero al taxi.

—¡Y dale! Fui yo; y *prior tempore, potior jure...*

—Le advierto que, aunque me hable en inglés, no va a quitarme el taxi.

—Yo no le quito nada, porque el derecho es mío.

—¡Pero si tengo la vez! —Sento se dirige nuevamente al taxista, que continúa sin decir ni pío—. ¡Venga, dígaselo!

—Oiga, amable conductor, que estamos esperando su respuesta —remacha el abogado—. ¿O es que es usted mudo?

El taxista, por fin responde. Aunque con ejemplar laconismo:

—No.

—Vaya, lo celebro tantísimo. Entonces...

—Entonces, la cosa está diáfana —insiste el letrado—. Porque yo llamé primero. ¿A que sí?

—No —manifiesta el sobrio conductor.

—¿Se convence, caballero? Mucho gusto...

Pero cuando Sento intenta abrir la portezuela, el de la gabardina se lo impide con cierta violencia:

—¡Alto! Usted no sube.

—¿Cómo que no? Yo subo porque lo llamé antes. —Y pregunta al del volante—: ¿Es así?

—No —vuelve a repetir el conciso.

—Pero ¿cómo? ¿No acaba de decirnos que aquí, el abogado, no era el primero?

—Ni al parecer, usted tampoco. —Alterado, el jurisperito interpela al conductor—: ¿En qué quedamos?

Ante la natural expectación de los aspirantes a viajeros, el taxista enciende con parsimonia un cigarro que acaba de llevarse a los labios y después, con marcado acento de las Rías Baixas, se explica:

—La cosa está bien clara: servidor vio a los dos señores al mismo tiempo.

—Y en vista de eso, ¿qué decide? —pregunta el abogado.

—Yo *non* decido nada. Yo tengo en marcha el taxímetro y allá ustedes con la polémica.

—¿Se da cuenta? —grita, enfurecido, el de la gabardina—. El infrascrito se manifiesta neutral.

—Pero yo no. Yo me subo...

Aunque nuevamente, el abogado le detiene con fuerza.

—De eso, *nasti.* Aquí quien sube es el hijo de mi madre.

—Preséntele mis respetos, pero usted se queda...

Le da un empujón con todas sus fuerzas; el otro trastabillea y ha de agarrarse a la puerta para no caer.

—¡Señor mío! —previene, enérgico—. ¡Modere sus formas, porque está bordeando la agresión, en grado de tentativa!

—Sepa que no me asustan sus códigos.

—Ni lo pretendo. Sólo quiero subir.

—Igualito que yo.

—Pero usted no sube.

—¿Que no...?

Sorprendentemente, quizá ante el mal cariz que toma la disputa, interviene el taxista, siempre calmo en el hablar:

—Con permiso, recuerdo a los señores que el taxímetro está marchando.

—No se preocupe; pagaré lo que sea.

—El único que va a pagar aquí soy yo.

—¡*Nanai,* que se ha muerto Pichi!

—¡Sin chulerías! ¡Che! Pero ¿qué se ha creído...?

—Que me voy a repantigar ahí dentro...

Otra vez se enzarzan y forcejean y al letrado se le tuerce la gorra y Sento se engancha las piernas con el paraguas.

—¡Suélteme! —vocifera—. ¡Suélteme o llamo a un guardia!

—¡Eso es lo que nos hace falta! ¡Un guardia!

Y por vez primera de acuerdo, los dos vocean al unísono:

—¡Guardia! ¡Guardia!...

Tal como suele ocurrir cuando se les necesita, no aparece ninguno. Y el abogado pregunta al taxista:

—Oiga, ¿dónde habrá un guardia?

—Digo yo que en la comisaría...

—¡Pues tiene razón! ¡Hala, a la comisaría!...

—Eso, eso. A la comisaría.

Sento abre la puerta del coche y con un gesto indica a su contradictor que pase.

—No, por favor; usted primero.

—En absoluto; usted.

—No puedo consentirlo; tenga la bondad.

—En absoluto; faltaría más...

—¿Por qué no pasan por orden alfabético? —sugiere el taxista, revelando una inesperada lucidez mental.

—Excelente solución. Me llamo Armando de la Encina, para servirle.

—Vicente Roig, a su disposición. Usted gana.

—Con su permiso...

Sube el letrado, le sigue Sento; se acomodan y abren un paréntesis silencioso, que rompe don Armando, ofreciendo un cigarro rubio a Sento.

—No, gracias; yo fumo negro.

Saca uno de la cajetilla; el abogado le da fuego al instante.

—Muy agradecido...

Vuelven a quedar callados. Ahora es Sento quien abre el diálogo:

—La comisaría no está lejos; porque supongo que nos llevará a la de la plaza del Dos de Mayo, ¿verdad?

El taxista asiente con un gesto de cabeza; y comenta el abogado:

—No es muy locuaz el auriga...

—¡Repalleta, la que hemos organizado! —dice

Sento, que no ha entendido, naturalmente, el latinismo.

—Exclusivamente por su culpa, don Vicente.

—¡No me sea pejiguero, don Armando! Que yo lo llamé primero.

—¡Pero qué tozudez de hombre! —pide al taxista—. Por favor, ¿podría bajar un poco la radio?

—Y aproveche para decirnos ya de una cuál de los dos tiene razón.

—Yo es que soy de Puentedeume... —resume el auriga.

—¡Pero sea de donde sea, vería a uno antes que a otro!

—Ya les dije. A la par. O séase, simultáneamente.

—No insista, don Vicente. Es de Puentedeume.

—¿El señor conoce...? —se anima el taxista.

—Sí; en una ocasión tuve un pleito allí.

—¡Buena tierra para pleitos, *carallo*! ¡Y qué marisco!

Don Armando, al margen de las nostalgias celtas, consulta su reloj y pregunta:

—¿Queda mucho para la comisaría?

—Eso depende.

—¿Digamos diez minutos?

—Podría ser menos; pero también más.

—¿En qué quedamos?

—¿Usted qué cree?

—No se empeñe —desanima Sento—. Es de Puentedeume...

—Ya, ya...

Se quedan callados, quizá meditando acerca de la tan ponderada filosofía galaica. El automóvil se ha detenido, atrapado en un atasco; tras varios minutos sin avanzar un metro, el taxista gira la cabeza hacia sus viajeros, abre una sonrisa cariñosa y pregunta:

—¿Me permiten los señores...?

—Diga, diga...

—Yo es que pienso que el taxímetro está corriendo...

—Más que el taxi, efectivamente.

—Y entonces, como se me antoja que los señores han congeniado algo...

—Hombre, el letrado no parece mala persona, en el fondo...

—Usted tampoco, don Vicente...

—Pues, entonces, ¿por qué no llevo al uno primero y al otro después y pagan por mitad y santas pascuas?

—La transacción puede ser admisible.

—Sí, no está mal. Por mí, de acuerdo.

—¡Y luego! ¡Como que es un arreglo *costructivo*! —celebra el taxista—. Ustedes dirán...

—Estoy pensando, don Armando, que lo suyo es más urgente. O sea que le dejaremos antes...

—¡De ninguna manera! Su salud no puede esperar. Primero, al médico.

—¡Que no, que no! ¡Al juzgado!

—¡No se lo consiento! ¡Al médico!

El taxista vuelve a intervenir, conciliador:

—Hagamos una cosa, con la licencia de los señores: lo que yo llamo el itinerario racional o *direto*. Quiere decirse que organicemos el viaje, según los destinos *respetivos*.

—Muy bien visto, ¡repalleta! ¿Adónde va usted, mi querido letrado?

—Al Juzgado tres, que está en Velázquez cincuenta y dos.

—¿Ha dicho cincuenta y dos?

—Sí, cincuenta y dos. ¿Por qué le extraña?

Y de pronto al Sento le entra una risa histérica, una risa congestiva, que le hace hipar y enrojece sus mejillas y le obliga a retorcerse, talmente desternillado de tanta carcajada.

—Al señor le ha dado algo... —se asusta el taxista.

—No lo entiendo... —Don Armando le palmea en la espalda—. Pero bueno, don Vicente... ¿A qué viene esto?

—*Ai Mare de Déu!* —jadea Sento—. ¡Que no lo puedo resistir!

—¡Explíquese, hombre de Dios, que nos tiene en vilo!

—¡Usted va a Velázquez cincuenta y dos! —gimotea de risa Sento—. Mi médico tiene la consulta en Velázquez cincuenta y cuatro... ¡La casa de al lado!...

Ríe también, claro, don Armando y el taxista resume:

—Esto lo escriben en una novela y no se lo cree nadie, *carallo*...

Tan curioso sucedido pudo ser el principio de una larga y hermosa amistad, como le dice Claude Rains a Humphrey Bogart, al final de *Casablanca*.

* * *

El último cliente, don Romualdo Cañizares Pardezuela, acababa de marcharse. Siempre que don Romualdo Cañizares Pardezuela va a almorzar a «El Orgullo de la Huerta», alarga la sobremesa, de charla con Sento, a quien le cae bien aquel setentón menudo, vivaracho, parlanchín y faramallero, de tal modo que le invita a compartir con él una copa de coñac y se solaza con sus conversación y se divierte con sus quiméricos proyectos. Porque don Romualdo es inventor, un inventor de raros artilugios, sin duda benéficos para la sociedad, pero que el habitual desdén celtíbero hacia la investigación hace que permanezcan inéditos, a la vez que, con semejante indiferencia (similar, en definitiva, a la que tuvieron que padecer Monturiol, Torres Quevedo, Peral, La Cierva y otros egregios descubridores), obliga al ignoto talento a malvivir con su pensión de algo menos de noventa mil pesetas mensuales, que con manifiesta cicatería le abona el Estado por su condición de ex sargento del glorioso Cuerpo de Intendencia Militar.

Naturalmente, don Romualdo, que es solterón, no resulta cliente apetecible, dada la cortedad de sus comidas, un plato único por lo general, y lo irregular de sus liquidaciones, pues a partir de mediados de mes demora el pago de las cuentas hasta recibir la transferencia de su pensión. Sin embargo Sento, tan rígido en estos temas económicos, le dispensa un especial trato de favor, ya que, según dijimos, siente por él una singular terneza, desde aquel famoso día en que reveló sus bondadosos sentimientos, e incluso unas ciertas dosis de heroísmo. Hasta entonces don Romualdo llegaba a eso de las dos y media, encargaba unos callos a la madrileña o un estofado o, si era comienzos de mes, una paella, desplegaba el periódico del día y daba cuenta del frugal almuerzo sin hablar con las camareras más que lo indispensable.

Pero justamente el 15 de mayo, festividad de san Isidro Labrador, patrono de Madrid, puso de manifiesto unas virtudes ciudadanas que le conquistaron el afecto de Sento. Almorzaban junto a su mesa tres individuos obesos, sebosos, barrigones y congestivos, que sin esfuerzo aparente se metieron entre pecho y espalda varias raciones de jamón, un arroz de mariscos, bacalao pil pil y cordero asado, rematando el festín con tarta de yema, aunque, eso sí, el café lo tomaron con sacarina. Y atendiendo la sugerencia de Sagrario, decidieron facilitar la digestión con una queimada, que la camarera gallega prepara mejor que el mismísimo Fraga Iribarne. Montó la chica el ritual propio del caso, acercóse Sento para ambientar el número y justificar debidamente la subida cuenta que se avecinaba y cuando la experta prendió la mixtura, una poderosa llama se alzó, chisporreante y cálida.

Entonces, ante el general asombro, don Romualdo se levantó presto, cubrió la olla de barro con su servilleta y al tiempo que apagaba el fogonazo, tranquilizó a los presentes diciéndoles:

—¡Serenidad, señores! En estos casos hay que tener mucha serenidad...

Retiró la servilleta, mirólos con la satisfacción del deber cumplido y explicó:

—Soy veterano de dos guerras. He sofocado muchos incendios, bastante más peligrosos que éste, en los campos de batalla...

Comprenderán que, forzosamente, Sento tuvo que apreciarle de modo especial desde aquel día y hasta Sagrario escribió a su prima, la que vive en El Ferrol del Anterior Jefe del Estado, contándole la divertida anécdota.

En fin, como veníamos diciendo, aquella otra tarde ya se había marchado el valeroso ex sargento después de liquidar, incluso, tres cuentecitas que tenía pendientes, y en la cocina las chicas ayudaban a Fina a aviar la cacharrería y el Resti, según su buena costumbre, le daba al tinto, aunque de vez en cuando trinaba o mugía por lo bajini, para no perder la forma y Juan Luis, que también echaba una mano a las mujeres en la limpieza, pedía la intercesión de la cocinera cerca de don Niceto, para que le recomendase en los inmediatos exámenes de teórica, último trámite que le restaba por cumplir para obtener el ansiado título de árbitro de segunda división.

—Pero, chiquillo, ya sabes que ahora el señor cura no está demasiado afectuoso con el amo y ni siquiera viene al dominó...

—Háblele usted, que a usted le tiene ley...

—Bueno, después le llamaré por teléfono. Pero no sé si servirá de algo...

—Claro que sí, tesoro —intervino Resti—. A tu bondad no se le puede negar nada. —Y después, dirigiéndose al botones, preguntó—: ¿Tanto te gusta eso de ser árbitro de fútbol? ¿Es que se gana dinero?

—No; cuatro perras. Pero yo no lo hago por el interés, sino por la vocación. ¡Si pudieran comprender lo que se siente cuando uno, sólo en el centro del estadio, le da al silbato y tiene la sensación de ser el amo del mundo! Porque así es, ¿sabe? En cuanto comienza el juego, nadie manda allí más que el árbitro. Y todos tienen que acatar sus decisiones: cien mil espectadores, los millones que lo ven por la tele, los jugadores, por muy famosos que sean, los jefazos del club... Todos, a respetar los juicios del señor de negro. ¡Es una gozada! ¡Aunque esté en el palco el mismísimo Felipe González, tiene que tragar lo que uno decide!

—Mira, eso sí que debe dar mucha satisfacción.

—¿A usted no le gusta el fútbol?

Resti le miró con displicencia.

—Cuando era mozo jugué de medio centro en categoría regional; decían que recordaba por mi estilo al famoso Ipiña. Lo que sucede es que hoy el fútbol ya no me interesa; se ha mercantilizado, se han perdido los valores morales, el apego a los colores. A mí, en cambio, nunca me interesaron las primas...

—Me extraña; con lo mujeriego que has sido siempre... —comentó Fina.

La aparición de Sento, enfurruñado según su costumbre en los últimos tiempos, interrumpió la charla. Iba a decir algo, sin duda desagradable, sobre la marcha de la limpieza, cuando se escuchó la campanilla de la puerta del restorán.

—¿Quién diantre será a estas horas? —rezongó el mesonero.

Sacramento fue a abrir, seguida a prudente distancia por Sento. Quien no pudo por menos de alisarse los pelos ralos del cogote y enderezar las solapas de la chaqueta, cuando vio aparecer a una mujer espléndida, alta, de robustas caderas y pechos firmes, elegante, que con una sonrisa ciertamente arrebatadora, preguntó:

—Por favor, ¿se puede comer algo?

—Ya está cerrado, ¿no lo ve? —respondió, brusca, Sacramento—. Pasa de las cuatro...

—Entonces, perdone...

Iba a dar la vuelta para salir, cuando Sento, deshecho en mieles, se acercó.

—Un momento, señora... Efectivamente, la cocina ya está apagada. De todos modos, si se conforma con algo ligerito..., algo que no sea complicado de hacer...

La señora imponente le miró con sus enormes ojos.

—Es usted muy amable. Tomaré cualquier cosa...

—Siéntese, por favor...

Dispuso la silla, ante el gesto indignado de Sacramento: ya se sabe que a las mujeres guapas les fastidia la competencia. La tardía clienta sacó una cajetilla de Winston y se la ofreció a Sento.

—Gracias; yo gasto negro...

Recuperada su vieja ilusión de seductor, el mesonero buscó por los bolsillos de la chaquetilla el mechero, pero no hubo forma de que encendiera; agradeció el gesto la imponente, que prendió su cigarro con un Dupont de oro, para preguntar en seguida:

—Bien, ¿qué puedo tomar?

—Fiambres, por supuesto. Jabugo de auténtica pata negra; me lo sirve el mismo proveedor de La Bodeguilla de La Moncloa. Un lomo buenísimo, salchichón de toda confianza...

—¿Y un par de huevos fritos? Aunque le advierto que soy muy melindres para los huevos; han de ser fresquísimos, del día...

—Descuide; tengo gallinas propias...

Corroborando el aserto, se escuchó al fondo un alegre cacareo; el Resti, que estaba al pairo, ejercía desde el pasillo sus acreditadas dotes de imitador de aves.

—¡Qué casualidad! Acaban de poner en este momento... —alardeó Sento.

—Es usted un encanto, señor...

—Sento, para servirle.

—¡Ah, italiano! Ahora lo comprendo: gentil, inteligente, seductor. No me negará que los italianos son así...

—Eso dicen. Pero yo soy de Alfafar, Valencia.

—También los valencianos me encantan. Tan artistas, tan luminosos, tan apasionados...

—Cuando usted lo dice... En fin, ¿para beber?

—Siempre almuerzo con champán. Fíjese que digo champán; no cava...

—Naturalmente. ¿Dom Pérignon?

—Me vale. A ser posible, del setenta y ocho.

—Veremos lo que encuentro. Con su permiso...

Va hacia la cocina; en el pasillo le aguarda Resti, cuyos ojillos pícaros brillan de un modo especial.

—Gracias por su cacareo, hombre. Estuvo muy oportuno.

—Siempre colaborando con la casa. ¡Vaya hembra!, ¿eh?

—Impresionante. ¿Le parece profesional del amor? Lo que usted llama asesora sexual...

—En todo caso, de altísima categoría. De las que tienen entrada en todos los salones y salen en el *Hola*...

—Oiga, Resti: me ha vuelto a entrar el hervor... Como en los buenos tiempos...

—No me extraña; la moza está para perderse...

La moza come con elegancia los huevos fritos, nada de usar el cuchillo, y después no toma postre, sólo un café bien cargado y, una vez servido, Sento ordena a Sagrario y a Sacramento que se marchen, y ellas van a cambiarse, bastante moscas, caray con el amo, mucho guardar las formas con nosotras en estos últimos tiempos, pero con esa lagartona, porque es una lagartona, vaya si lo es, cómo se ha lanzado y el revivido mesonero se acerca a la mesa y ofrece una copa a la hermosa clienta, que ella acepta sonriente, eso sí, con la condición de que usted también tome algo, faltaría más. Whisky escocés, etiqueta negra, para ella y un coñac para él, y brindan, chin-chin, y la señora imponente pregunta dónde está el teléfono, seguramente necesitará ir a los servicios, pero es muy discreta y Sento le ofrece monedas sueltas, gracias, ya tengo y mientras ella se ausenta, él va a su cuarto, para quitarse la chaquetilla blanca del oficio y ponerse un *blaiser* que guarda para las grandes ocasiones y cuando la despampanante regresa se da cuenta en seguida y elogia:

—Está usted muy elegante con esa chaqueta. Y más joven...

Sento se arrebola y además se lo cree. La imponente carga la mano en el elogio, ahora derivando al terreno profesional:

—He comido muy requetebién...

—Pues lo de hoy no cuenta. Ha de venir otro día, que sea pronto, para probar mi gran especialidad: el arroz.

—Me gusta muchísimo; ¡pero engorda tanto!... Y, dígame —rodea con sus manos el compacto busto, al tiempo que pregunta, con voz intencionada—: ¿no le parece que de aquí me sobra un poco?

—¡Ni hablar! Lo tiene..., bueno, lo debe tener perfecto de medidas.

—¡Valenciano...! —sonríe la pícara moza.

—Y de cintura, no se diga: talle de avispa. En cuanto a los ojos..., ¿le digo lo que pienso? Algo tristes. ¿No será pena de amores?...

—¡Ay, el amor!...

La imponente suspira y parece que se le enturbian los ojos y, para consolarse, se acaba de un trago el whisky; Sento repone al momento el vaso, a pesar de su tímida negativa:

—¡No, no! Más no; que con el segundo whisky se me suelta la lengua...

—Suéltela...

—¡Pero qué gracioso eres! —Solicita, sonriente—: Nos tuteamos, ¿verdad? ¡Claro que sí! Pero acerca un poco la silla, que yo hablo más bien bajito... Sobre todo, cuando confieso mis penas... No, no creas que lo hago con cualquiera; lo que me ocurre, no sé, es que tú me inspiras confianza... Te adivino sensible, humano, tierno... Y estoy tan falta de ternura...

—¿Será posible? Pero ¿no tienes novio?

—Llámale así, si quieres. Es un ejecutivo; uno de esos cerebros que sólo actúan pensando en los negocios. Siempre de aquí para allá, yendo y viniendo, de Londres a Nueva York, de Estocolmo a Kuwait... Y yo, sola... Bueno, una vez al trimestre nos vamos a Marbella y damos una vuelta por el Mediterráneo, en su yate. Dos o tres días nada más... Aunque, en confianza, te diré que me aburre el mar...

—Claro; siempre es igual. Y tan húmedo. Pues nada; ¿qué voy a decirte? Si en algún momento necesitas compañía...

—Me hace falta continuamente...

Le agarra de la mano con suavidad.

—¿Por qué no vienes mañana por la tarde a tomar el té conmigo? El ejecutivo está en Melbourne...

—Pero no podré hasta eso de las cinco y media...

—Bueno: tomaremos el té de las seis. Ten mi tarjeta.

Sento la lee, poniéndola muy lejos de los ojos, para evitar las gafas.

—¡Caramba! Te llamas Isabel. Lo mismo que...

—¡Calla! A la Preysler, ni mentarla... En fin... —Se pone en pie. Consulta su menudo reloj, de oro y rubíes—. Lo siento, tengo que irme; he de pasar por Loewe, a recoger un bolso que encargué ayer. ¿Me das la cuenta?

—¡Che, pero qué dices! Estás invitada... ¡Faltaría más!

—Muchas gracias, Sento. De todos modos, permíteme que deje una propinilla para las camareras, que han sido tan amables...

Abre el bolso, busca y rebusca, con creciente inquietud. Sofoca un grito:

—¿Qué ocurre?

—¡Que me han robado! Llevaba cincuenta mil pesetas en billetes grandes... y no están. ¿Dónde habrá sido? ¡Claro! En las escaleras de El Corte Inglés; un muchacho se me echó encima y me metía pierna, pero yo pensé que iba con buenas intenciones... En fin: tendré que pasar por casa para coger dinero...

Sento, caballeroso, hidalgo, señor:

—Nada de eso. Ahora mismo te lo dejo yo y ya me lo devolverás mañana...

—De ninguna manera; te lo agradezco, pero no puedo aceptarlo.

—¡Mira que me enfadaré contigo!...

—¡Que no, que no! Sería un abuso; decididamente, no.

Pero, naturalmente, nada hace por impedir que Sento, que ha ido hasta la registradora, le meta en el bolso unos billetes y se lo cierre, a la vez que ella le recuerda:

—Mañana, a eso de las seis, en casa...

—Monte Esquinza ciento catorce, tercero derecha. No lo olvidaré.

—Eres un sol, Sento...

Le da un beso en la mejilla y sale, contoneando su cuerpo jacarandoso. Todavía, desde la puerta entreabierta, le envía un ósculo con la mano. Sento no puede reprimir unos saltitos de júbilo, se frota las manos lleno de entusiasmo y tararea, él sabrá por qué, los compases sensuales de *Amado mío.*

* * *

Estuvo muy animado el mediodía: todas las mesas llenas y en una, don Marciano, el subsecretario, que siempre ocupa por lo menos dos, porque le acompañan los inevitables escoltas. Don Romualdo Cañizares Pardezuela tomó nada más que un potaje, con la excusa de que era viernes de Cuaresma, aunque aceptó encantado el coñac ofrecido por Sento, cuya euforia resultaba visible; de modo que escuchó sin pestañear las explicaciones del veterano de dos guerras acerca de su más reciente invento: una instalación eléctrica, conectada al acumulador del automóvil, que provoca fuertes sacudidas a quienes osan toquetearlo, sean presuntos ladrones o empleados de la grúa municipal. Sacramento mantuvo un tenso enfrentamiento con dos clientes desconocidos, que quisieron propasarse con ella, si bien tan sólo verbalmente, ¡faltaría más! Pero la camarera no consiente ni una broma de mal gusto y acabó imponiéndose a los groseros, rematando su eficaz dialéctica con una réplica merecedora de premio. Pues rebuznó, ya a los postres, el más soez de los dos tipos:

—Oye, tía buena, ¿aquí dónde se mea?

—¿Ve aquella puerta? Entre; a la derecha hay un letrero que dice «Caballeros». No haga caso y entre...

A las cuatro y media todavía quedaba público y ya empezaba Sento a mirar el reloj. Pasaban diez minutos de las cinco cuando, al fin, pudo cerrar la tasca, se encerró en su cuarto y tomó una reconfortante ducha, porque, por razones del trabajo, siempre almorzaba a eso de la una, o sea que tenía ya la digestión más que rematada. Se perfumó a todo lo largo y lo ancho de su anatomía, púsose la camisa de seda que el día de su santo le había regalado Fina y un traje oscuro, a rayas, que le parecía elegantísimo, aunque resultaba por demás hortera, como de gángster de los años treinta y, cuando se disponía a salir hacia la cita galante, cayó en la cuenta de que un caballero cabal debe ofrecer algún presente a la mujer deseada, máxime si la visita en su domicilio. Así que agarró de la nevera una latita de caviar ruso (su primera intención fue llevarse el iraní, pero recordó el precio y desistió de la idea) y también, una botella (pequeña) de vodka de fabricación nacional, aunque de muy exótico nombre.

Conteniendo a duras penas los nervios, tomó un taxi, facilitando con energía la dirección:

—Montesquinza ciento catorce.

Durante el trayecto, se engulló dos grageas de cierto complejo vitamínico que el médico le había recomendado como poderoso estimulante de la actividad sexual, pues contenían potasio y manganeso y fósforo y nicotinamina y a punto estuvo de atragantarse, al ingerirlas en seco, aunque pudo sobreponerse a la tos y recuperar la compostura justamente cuando el vehículo se detenía frente a un portal amplio, de casa rica, esas casas de los años veinte, que se construyeron con materiales nobles y abundancia de herrajes en la caja del ascensor.

Antes de pulsar el timbre, se ajustó el nudo de la corbata, estiróse la chaqueta, ocultó discretamente tras la espalda la bolsa donde traía el gentil obsequio para la imponente y, bastante alterado, la cosa no era para menos, llamó a la puerta del piso, tercero derecha, claramente lo indicaba el letrero. Transcurrieron unos segundos, que se le hicieron siglos, hasta el punto que insistió en el timbrazo.

—Ya va, ya va... —respondió desde el interior una voz cascada.

Y se entreabrió la puerta y asomó el rostro ajado de una mujer vieja y desaliñada, más desaliñada todavía que vieja, con los rulos recogiendo las abundantes canas y en bata de nilón guateada, verde chillón.

—Por favor, ¿doña Isabel Merchante? —inquirió Sento, procurando dulcificar la voz.

—Sí, aquí es. —Y sin pausa, la vieja añadió—: Oiga, ¿no querrá vendernos nada?

—No, no, señora —forzó una sonrisa.

Y la mujer insistió:

—¿Ni enciclopedias, ni lavadoras, ni televisores, ni detergentes?...

—Que no, que no se trata de eso...

—¿Tampoco vendrá a ofrecer el catorce por ciento de interés en una cuenta especial del banco?

—Tampoco, señora. Sólo deseo ver a doña Isabel Merchante.

La desaliñada arrugó el entrecejo.

—¿Y qué quiere usted de mí?

—¿Cómo dice? —se asombró Sento.

—Pues eso: ¿que para qué demonios desea verme?

—Perdone; debe de haber una confusión... —sacó del bolsillo de la chaqueta la tarjeta que le había dado la imponente—. Montesquinza, ciento catorce, tercero derecha...

—Justamente.

—Y aquí dice Isabel Merchante...

—Le repito que soy yo...

De pronto, la buena señora pareció comprender el equívoco; de un manotazo le arrebató la tarjeta, confirmó sus datos y alzó el tono de la voz, hasta terminar gritando:

—Oiga, ¿cómo tiene una tarjeta mía? Porque esta tarjeta es mía, vaya si lo es. ¡Cuidado, cuidado, que ya lo entiendo! La llevaba en el bolso que me robaron la semana pasada en el metro... O sea que si usted la tiene ahora... ¡Claro! ¡Ladrón, más que ladrón! ¡Sinvergüenza!... ¡Tendrá cara...!

Intentó agarrarle del brazo, mientras redoblaba los gritos. Sento se escabulló como pudo y echó a correr, saltando los escalones de dos en dos. Doña Isabel, medio cuerpo doblado sobre el pasamanos, continuaba gritando:

—¡Canalla! ¡Ladrón! ¡Para que luego digan que no hay inseguridad ciudadana. ¡Granuja! ¡Sinvergüenza, más que sinvergüenza!...

No respiró tranquilo hasta trasponer la puerta del restorán. El Resti, que degustaba calmosamente una copa de Armagnac, se sorprendió al verle llegar.

—¡Caramba, señor Sento! Pero ¿a qué velocidad funciona usted?...

Le miró con furia.

—Déjese de guasitas y sírvame un copazo, hala...

4. LOS PELIGROS DEL AMOR PROPIO

Don Amalio, el catedrático jubilado, ha llegado temprano a la partida y, como Sento anda por la cocina, aprovecha su ausencia para trasladar al Resti su preocupación:

—Encuentro a nuestro amigo cada día más deprimido. Sin duda le ha afectado mucho el disgusto con don Niceto...

—A mí no me place inmiscuirme en cuestiones ajenas, pero resulta evidente que el señor Sento atraviesa una profunda crisis síquica. Además, el brusco cambio de costumbres le tiene desquiciado; y reacciona desabridamente con esas muchachas, las camareras, quizá por una razón freudiana...

—No le entiendo.

—Quiero significar que ha convertido en aspereza y acritud su anterior melosidad. Evidentemente, se trata de una actitud defensiva, adoptada como freno para aquellos excesos carnales de antes...

—Oiga, pero ¿es que él y las chicas...?

—Mi dilecto don Amalio, no me haga reafirmarme en lo que siempre sospeché. Me refiero a que el cultivo de las matemáticas obnubila la perspicacia...

—Pues algo de eso debe de ocurrir, porque yo no me había enterado de nada...

Sale de la cocina Sento, pero, antes de que se acerque a la mesa, suena la puerta de la calle, con el tintineo de su campanilla y presentándole los brazos abiertos en cordial actitud, casi se le viene encima don

Armando, el abogado, el rival en la toma de un taxi, aquella tarde lluviosa.

—¡Mi querido don Vicente!

—¡Caramba, don Armando! ¡Qué alegría volverle a ver!

—Pues nada; que acabo de salir del juzgado de guardia y, al pasar por delante de su casa, me he dicho: voy a darle un abrazo a mi buen amigo don Vicente...

—Ha hecho muy bien; nos tomaremos una copita, ¿eh? Perdón: le presento a estos amigos...

Se saludan, claro que saben quién es. Sento nos contó la forma tan curiosa cómo se conocieron, sí, realmente fue muy divertido aquello, un poco de coñac, basta, basta, además me marcho en seguida, que he dejado el coche aparcado en la misma puerta y esto es zona RED, dice usted bien, esa red en la que nos pesca el ayuntamiento... ¡Brindemos por el taxi de la discordia, al que debemos nuestra amistad!...

—Por cierto, ¿llegó a tiempo al médico?

—Hubo suerte; pude colarme. ¿Y usted?

—Todavía tuve que esperar un cuarto de hora, porque el juez se había retrasado. ¡Y es que no saben cómo están los juzgados! Se cuenta y no se cree...

—¿Y dice que viene de allí? ¿A estas horas?

—Sí, de la guardia. Una cosita sin importancia: como quien dice, el pan nuestro de cada día.

—Navajeros —apunta don Amalio.

—No; robo de un automóvil.

—Hay mucho granuja suelto... —lamenta Sento.

—Bueno, en este caso, yo no lo calificaría así; el presunto ladrón es mi cliente... Un buen chaval, en el fondo; un muchacho de estos de ahora, impulsivo, audaz, despreocupado. Quería fardar con una chica, muy mona, por cierto, y se subió en el primer R-21 que vio aparcado...

—¡Hombre, si fue en un R-21...! Porque tratándose de un Mercedes ya sería otra cosa...

Don Armando enfatiza; no puede resistirse a demostrar sus conocimientos jurídicos. (Suele ocurrirles a todos los letrados, en casos semejantes.)

—Este tipo de delitos carece hoy de importancia. La ley ha recogido la doctrina del «hurto de uso» y, al final, nunca pasa nada. Si no se han producido daños graves al vehículo, naturalmente...

—De todos modos —interviene don Amalio— yo creía que robar un coche...

—¡Bah! Ahora constituye, como quien dice, una necesidad social. Además, hay que ser comprensivos con las travesuras de los jóvenes. Insisto: tomar un automóvil ajeno en un momento de obcecación y en una situación ciertamente lúdica, casi por broma, sin que exista en realidad *animus doli,* es poco menos que irrelevante...

—Ya, ya... ¿Y se quedará mucho tiempo su cliente en el calabozo?

—Pero ¿qué dice? Ya está en la calle. Les repito que el «hurto de uso» es una nadería... Algo así como robar una manzana en una frutería... Una chiquillada... Por eso hay que tener humana condescendencia al valorar el hecho en su insignificancia. Así lo ha comprendido su señoría, que ha dejado en libertad provisional a mi cliente. ¡Pobre chaval! En el fondo, un desdichado; una víctima de la sociedad de consumo...

Apura la copa, se despide de don Amalio y del Resti y Sento le acompaña hasta la puerta.

—Y ahora, a jugar la partidita de dominó, ¿eh, don Vicente?

—No me diga, ¡que tengo un disgusto! Me he quedado sin mi compañero de siempre; no, no ha sido una desgracia. Pero tendré que ver si eso del «hurto de uso» vale también para ciertos pecados...

Salen a la calle. Don Armando abre unos ojos como platos y deja escapar un grito, casi un aullido:

—¡Mi coche! ¿Dónde está mi coche?

—Lo que usted temía: la grúa...

—¡Dichosa grúa! ¡Pues van a oírme, porque esto es ilegal!...

El portero de la casa contigua, que ha seguido la escena, se les acerca.

—Ustedes perdonen. ¿Su auto es un Lancia azul oscuro, que estaba aparcado ahí mismo?...

—Exactamente.

—Entonces, no ha sido la grúa, sino un chaval con melenas, que se ha subido tan campante y después de hurgar unos segundos en el arranque se largó a toda mecha. Cuando me di cuenta, ya estaba en aquella esquina...

El abogado se excita, se exaspera, se acalora y vocifera:

—¡Sinvergüenza! ¡Canalla! ¡Ladrón! ¡Un coche que me ha costado seis millones de pesetas y que acababa de estrenar! ¡Hijo de perra! ¡Miserable! ¡Si es que las personas decentes ya no podemos vivir tranquilas!...

—Cálmese, don Armando. ¿Le llamo un taxi por teléfono?

—¡Nada de taxi! ¡Me voy a pie a la comisaría, que está ahí mismo, para denunciar a ese delincuente!... ¡Y cuando le agarren, se le va a caer el pelo!...

Sin despedirse, se aleja a grandes zancadas. Vuelve Sento con sus compañeros de partida.

—Parece inteligente el letrado —comenta don Amalio—. Aunque su teoría sobre el «hurto de uso»...

—Me da la sensación de que sólo eran eso, teorías —sonríe chungón el Sento—. ¡Si hubieran visto cómo se ha puesto, cuando le ha tocado padecer lo que llamaba «chiquilladas»! Vamos, que no me he atrevido a recordarle que robar automóviles constituye algo así como una necesidad social...

* * *

Es un matrimonio extraño; matrimonio, sí, que Sacramento tiene muy buen ojo para descubrir en seguida a las parejas irregulares, que tanto abundan en estos tiempos, pero en esta ocasión no le cabe duda, ella es cincuentona y muy abundante en carnes fofas, y autoritaria y mandona, de tal modo que no ha parado de darle órdenes al pobre señor, flaco y con bisoñé, un bisoñé de los que se notan a la legua y que son de pelo negro retinto, en grotesco contraste con las canas de los aladares y del cogote, sobre las que se superponen burdamente. También son muy chinchorreros; no han parado de quejarse y de poner pegas desde que se sentaron, ahora mismo la están llamando, mejor dicho, le llama la señora, con gesto imperioso, veremos qué tripa se le ha roto...

—¡Señorita! —protesta la gorda, señalando el plato de su marido—. Las ostras del señor...

—¿Qué les pasa?

—Que están crudas.

Sacramento silencia la respuesta que su desgarro castizo le ha puesto en la punta de la lengua, pero es una profesional como la copa de un pino y está acostumbrada a comprimirse, tal como recomendaba la *señá* Rita a Julián en *La verbena de la Paloma* y, sin darle mayor importancia, tan sólo dice:

—Lo siento.

—¿Qué otra cosa puede tomar mi esposo? —pregunta la marimandona.

—¿Vegetal, animal o producto marinero?

—Yo preferiría unos espárragos... —dice tímidamente el flaco. Si bien condiciona la petición, consultando a la mujer—: ¿Puedo?

—¿Son de Aranjuez? —se interesa ella.

—Son de lata. Pero no vean la maña que se da la señora Fina para abrirla.

—Tráigaselos —concede la cónyuge—. Con mayonesa. Será fresca, ¿no?

—Más que Navacerrada.

Retira Sacramento el plato de las ostras, que, eso

sí, tenían las conchas (1) convexas y no cóncavas, como habían sido toda la vida, cuando venían de Arcade o aguas gallegas próximas, pero ya se sabe que hoy todo está adulterado y ha perdido su sabor natural, que por eso comemos fresas en diciembre y las perdices se crían en granjas y las truchas en piscifactorías, donde, para mayor escarnio, echan un colorante que las convierte aparentemente en asalmonadas. La esposa dictatorial ordena al afligido esposo que se tome, por si acaso, la píldora para las digestiones y él se permite opinar que será mejor el depurativo y ella concluye que las dos cosas, pues la abundancia no daña y abre un neceser que lleva, lleno de potingues, y le prepara la mezcla en una cuchara sopera. Tarda poco en regresar la camarera, con unos espárragos que da gozo verlos y pregunta, extremando la amabilidad:

—¿Le sirvo la mayonesa?

—¡Se guardará mucho de hacerlo! —increpa la rechincha—. A mi esposo le priva hacerlo él, para moderar la dosis... ¡Deje ahí la salsera!

—¡Ah, bueno! Pues allá ustedes... —Sacramento está al límite de sus posibilidades de aguante.

Se vuelve al mostrador; Sento, que le nota la cara de fastidio, le recuerda que en el comedor hay que estar siempre sonriente y aprovecha para volverle a reprender por llevar desabrochados los dos primeros botones del uniforme, es que vais provocando, porque sois unas coquetas, ande, señor amo, no me venga a estas alturas de la fiesta con lecciones de pudor, que una podría contar muchas cosas, estás de mala uva, lo que pasa es que aquellos de la mesa número tres son unos plastas, hombre, mire, vuelven a llamar, yo mismo iré a ver qué quieren, pues cualquier impertinencia, seguro.

(1) Ruego a mis lectores argentinos, por fortuna tan numerosos, que den a la palabra su significado habitual en España y la interpreten como valva, caparazón o madreperla; no, ¡por Dios!, como lo otro.

Sento, finísimo, se acerca a la mesa y esboza su mejor sonrisa.

—¿Desean algo los señores?

Señalando con un dedo erecto, rígido, acusador, el plato de los espárragos, la obesa denuncia:

—Esta mayonesa está pasada...

—¡Por Dios, señora! Es imposible: en mi casa...

—Le digo que está estropeada, pútrida y no me lo discuta.

—Tiene la salmonella... —osa murmurar, por lo bajo, el marido.

—No se lo discuto, pero tenga la seguridad...

—¡Huélala!... —ordena la gordinflona, con energía de coronel prusiano.

Sento toma la salsera, la lleva hasta una discreta distancia de sus narices y, reprimiendo el gesto de asco que le provoca el olor de la mayonesa, ciertamente nauseabundo, comenta, cínico:

—Delicioso aroma.

—¡Usted quiere envenenar a mi marido! —chilla la tripona.

—Que traiga el libro de reclamaciones... —musita el esposo, engallado ante el estímulo marital.

—La hoja, querido; ahora es una hoja —rectifica ella—. ¡Tráigala!

—Lamento de veras que no les guste; quizá tiene vinagre de más...

—Está corrompida. Y le advierto que aquí, mi esposo, es perito químico...

—Con todos los respetos, creo que la señora...

—¡Cállese! Esa porquería no se la puede comer nadie, sin jugarse la vida.

Entonces, Sento tiene un rapto de genio, hace alarde de un admirable sentido profesional: con gesto similar al de Guzmán el Bueno en Tarifa, coge una cuchara de la mesa, mira desafiante al perito químico, después a la señora del perito químico y comienza a tomarse la mayonesa, hasta terminarla. Todavía llega a más en su heroísmo: agarra un pedazo de pan, rebaña con él la salsera y se lo come con aparente gusto. Al acabar la exhibición, pregunta con retintín:

—¿Desean que les sirva alguna otra salsa, en lugar de esta... porquería?

Asombradísima, perpleja, la maciza sólo acierta a decir:

—No... Nada... Nada.

—Señora... Caballero...

Sento hace una reverencia y se aleja de la mesa; pero no vuelve al mostrador, sino que se dirige, disimulando las prisas, al cuarto de baño. Efectivamente, no puede comprenderlo, es la primera vez que sucede, la mayonesa estaba pasada. Descompuesta. Putrefacta. Corrompida. Infecta. En definitiva, con todos los perdones, hecha una mierda.

A duras penas termina Sento de atender a la clientela, cuando se marcha el último comensal, ya no puede aguantar más, se derrumba como un guiñapo, las tripas las tiene sublevadas y se le vienen a la garganta náuseas constantes y de las arcadas pasa al vómito, se siente morir, una angustia tremenda le atenaza y hasta se le nubla la vista y se le va la cabeza. Fina le quita la chaquetilla blanca y le desabrocha la camisa, pide a Resti que le lleve al cuarto y allí le desnude, mientras ella prepara una tila, un poleo, cualquier infusión que pueda servirle de digestivo, pero cuando la toma, ya está metido en la cama, con su camisón de siempre, vuelve a darle la basca y nuevamente devuelve, entre espasmos, hasta las entrañas.

—Hay que llamar a un médico... Nunca le había visto tan malito... —La preocupación de Fina es angustiosa, más todavía cuando el enfermo entreabre los ojos y con voz mustia, apagada, apenas perceptible, pide:

—El cura... Que venga el cura...

—¡Anda, Juan Luis, coge un taxi y trae a don Niceto! —ordena la cocinera.

La habitación está en penumbra; aunque Sagrario ha sugerido dar la luz roja, los demás no la encuentran propia de semejante situación, dadas sus resonancias eróticas. Sento respira con cierta dificultad; alrededor del lecho, contemplándole con ojos de susto y en silencio, las camareras y el Resti, pues Fina se ha vuelto a la cocina, a hervir agua con manzanilla, estos remedios antiguos son los más eficaces, que se dejen de inventos, para despejar el vientre no hay nada como una buena lavativa.

Apenas un cuarto de hora tarda en llegar don Niceto, a quien recibe Fina entre sollozos.

—Pero ¿qué le pasa a Sento?

—¡Ay, don Niceto, no lo sé, pero yo no le recuerdo así en los cuarenta años que hace que le conozco!...

Entra en la habitación medio a oscuras; Sento le dirige una mirada dulce y agradecida.

—¡Vaya, hombre! —le anima el cura—. ¿Te parece bonito interrumpirme la siesta?

—Estoy muy malito, don Niceto. Muy malito... —murmura el doliente.

Resti hace un aparte para informarle:

—Intoxicación aguda por ingerir alimentos en malas condiciones. Y para más inri, propios... Resulta que Sagrario se confundió y en vez de echar a la basura una mayonesa estropeada, la puso en la salsera. El señor Sento, para salvar la dignidad del restorán frente a los clientes que reclamaban, se la zampó en un santiamén y ahí tiene las consecuencias...

—¡Vaya por Dios! Pero eso no puede ser grave. ¿Ha devuelto?

—Hasta los calostros...

El enfermo agita débilmente la mano, llamando la atención del clérigo.

—Estoy muy malito, don Niceto, muy malito. Me muero. Quiero confesarme...

—Hombre, eso está bien. Pero no porque te vayas a morir, sino porque te hace mucha falta.

Los dejan solos. Don Niceto se sienta en un borde de la cama, toma la mano del Sento y le anima:

—Eres un aprensivo y un quejica...

—Que le digo que estoy muy malito..., que me he asomado al más allá...

—¿Y qué te ha parecido?

—Muy caluroso. Debía de ser el infierno.

—Normal en tu caso.

—Todo ha sido por culpa de Sagrario... Yo creo que lo ha hecho aposta: como ya no le hago caso. Porque no le hago caso, ni a ella ni a Sacramento, y usted ya me entiende.

—Me parece estupendo.

—¿De verdad no me iré a los infiernos?

—¡Claro que no, insensato!

—Cuénteme cómo es el cielo...

—Pues un lugar lleno de paz y alegría, donde se goza con la presencia del Señor y los espíritus son infinitamente dichosos...

—Sí, sí; pero como en casa de uno, nada...

Don Niceto sonríe. ¿Cómo no iba a sonreír?

—Anda, di Ave María Purísima...

La confesión no resulta demasiado larga; a fin de cuentas, el pecado siempre es el mismo. Dichoso por la recuperación moral de su amigo, el sacerdote le da la absolución y le ofrece la mano, que Sento besa fervorosamente. Con voz normal, incluso fuerte, pregunta:

—¿Ya soy una persona decente?

—Ya estás limpio de culpas.

Separa de un enérgico manotazo las sábanas, se queda sentado en la cama y, con un brillo de gozo en la mirada, anuncia:

—¡Pues entonces, vámonos a jugar al dominó, que don Amalio estará al llegar!...

* * *

No jugaron aquella tarde, pero sí a partir de la siguiente y recuperó el Sento su buen humor, al recobrar también la emoción de las partidas, que es el dominó afición o más bien vicio, que prende fuerte en sus fieles entusiastas, fichoadictos les dice don Niceto, quien ha vuelto a compenetrarse con su compañero de siempre en los cierres, incluso en los cierres a seises, con lo arriesgados que son, pero a ellos suelen salirles bien y, en el peor de los casos, ganan por la mano, con el inmediato enfado de don Amalio y la irritación del Resti, que en tales casos imita el canto del canario, para demostrar que está que trina.

El Resti, por cierto, ha tenido algún rifirrafe importante con el mesonero, no ciertamente por culpa del dominó, sino por la reticente actitud del extraño personaje, que continúa sin aclararse respecto de sus intenciones conyugales respecto a Fina, mientras sigue viviendo a su costa, aunque asegura que busca trabajo afanosamente e incluso ha demostrado documentalmente haberse inscrito en la Oficina de Desempleo, bien es verdad que haciendo constar como oficio el de imitador de aves, mamíferos y ruidos centrífugos, lo cual pone bastante difícil la posibilidad de una oferta laboral. Pero la buena de Fina parece feliz con sus zalemas y dingolondangos, quizá sea esto lo que más fastidia al Sento, que un día, mientras aguardaba a don Amalio para comenzar la partida y en presencia de don Niceto, le echó en cara su candidez, hasta hacerle saltar las lágrimas. Después, cuando el cura le reprendió por su brusquedad, ya estaba delante el propio Resti, tuvo también con él unas palabras fuertes, que el aludido encajó impertérrito, pues aguanta más que el famoso Urtain en sus buenos tiempos.

—¿Y qué pasa con la boda? ¿Qué pasa? —preguntaba Sento, a voz en grito.

—¡Qué más quisiera que poderle decir a nuestro presbítero, aquí presente, que aviara los trámites eclesiásticos! —respondía el imitador, sin perder jamás la compostura—. Pero en mi triste situación de parado, repugna a mis principios acceder a un matrimonio, que todos pensarían cuerdamente, que se realizaba por mero interés.

—¡Claro! Y por eso se dedica a sacarle las perras a Fina...

—¿Cómo, cómo? —se interesó don Niceto.

—¡Ah! Pero ¿no lo sabe? Aquí, el caballero hace y deshace con los dineros de mi cocinera...

—Permítame un matiz, querido padre: me limito a gestionar sus inversiones, con el celo de un buen administrador.

—¿Administrador? ¡Yo a eso le llamo chulo!

—Disculpo su inconveniencia, porque me consta su afecto hacia mi prometida y porque es usted algo rajabroqueles...

—¡Oiga, no le consiento...!

—Aclaro: rajabroqueles, sinónimo de pendenciero. —Volvióse de nuevo a don Niceto—. Imagínese, reverendo, que Fina, que es tan bondadosa y eficiente en el trabajo, como ignara en temas financieros, estaba colocando sus ahorros en una libreta bancaria que le rentaba algo menos del cinco por ciento anual. Gracias a mi asesoramiento, ahora posee acciones seguras, que le están dando cerca del catorce neto...

—¿Y lo que usted se queda, eh? ¿Qué me dice de eso?

—¡Por favor! Se trata de la normal comisión que percibiría cualquier administrador. Además, a fin de cuentas, todo lo mío será suyo...

Cuando la excitación de Sento presagiaba tormenta grave, llegó don Amalio y, ante el dominó, desaparecieron los nervios del mesonero, para quien la partida constituye sedante ideal, relax inmejorable. Por otra parte, no deja de sentir cierta soterrada admiración hacia aquel raro individuo, cuyos conocimientos múltiples le acomplejan y ante cuya seguridad, lindante siempre con el cinismo, acaba por sentirse desarbolado. Menos inocente que él, don Niceto tiene buen cuidado en mantener las distancias, evitando cualquier exceso de confianza. Su dilatada experiencia en el confesonario le permite intuir que el sujeto no es trigo demasiado limpio.

Por lo demás, el restorán mantenía su buena marcha y las camareras se habían resignado a ejercer sólo como tales, a fin de cuentas, como le decía Sacramento a su colega, el amo estaba últimamente bastante pachucho y ella andaba saliendo ahora con un alemán que ése sí que era un machote incansable y lo que tenían que hacer, puesto que la relación se había convertido en meramente laboral, era exigirle al señor Sento que les diera de alta ya de una vez en la Seguridad Social y acomodara sus sueldos a los del convenio colectivo del sector y les pagase las horas extraordinarias, que ya no tenía excusa, como antes, cuando englobaba las de trabajo con aquellas de las veladas eróticas, que él llamaba atípicas.

Juan Luis había aprobado sus exámenes, era ya árbitro de segunda división, afecto al Colegio Aragonés, por su origen maño y el más joven de todos los trencillas (todavía llamados así, aunque impropiamente), de categoría nacional. Lo que no podía imaginar era la trascendencia que el ejercicio de su vocación iba a tener en el futuro de «El Orgullo de la Huerta» y en el suyo propio. Todo comenzó un mediodía; el señor subsecretario y su primo Feliciano comían, mano a mano, un arroz de verduras, que era plato de su predilección, siempre vigilados a corta distancia por los guardaespaldas, los cuales ejerciendo su derecho constitucional a la libertad de opinión, lo estaban tomando de langosta.

—Estás obcecado, Feliciano; completamente obnubilado —reprendía don Marciano a su menudo secretario particular.

—En absoluto; insisto en que la situación no ofrecía dudas.

—El hecho causante, querido, acentuaba la determinación esencial de la opción estratégica reglamentaria.

—Ni hablar.

—Lo que sucede es que precisa explicitarse el marco de referencia; es decir, la coyuntura.

—¡Que no, hombre, que no!

—Veo que te dejas influenciar por las pertinaces campañas de desestabilización, tan frecuentes en la prensa canallesca.

—No la leo. Pero estaba allí y no han de contármelo: Butragueño se había metido en *off side.*

Llegó en éstas Juan Luis, con la caja de los puros, y pudo escuchar sin esfuerzo la viva discusión.

—¡Pero qué *off side* ni qué niño muerto, si estaba detrás del balón!

—Y de los defensas...

Entonces intervino el botones-cerillero-árbitro colegiado:

—Si me permiten... La posición del fuera de juego está determinada por dos factores: situación, más influencia en la jugada. Regla undécima.

—¿Lo oyes? —se ufanó el subsecretario.

—Y según don Pedro Escartín, en su *Reglamento comentado,* trigésima quinta edición, página ciento ochenta y cuatro, el fuera de juego sólo se produce si el jugador se encuentra más avanzado que el balón.

—¡Ahí lo tienes! —se dirigió, sonriente y extrañado, al erudito futbolístico—. Oye, chaval: estás muy impuesto en la materia...

—Naturalmente —aclaró, con orgullo, Juan Luis—: Soy árbitro de segunda división, afecto al Colegio Aragonés, porque servidor nació en Daroca.

—¿De segunda, segunda?

—Sí, señor; de la llamada «División de Plata».

—¡Ah, caramba! O sea que le pitas al Málaga...

—Algún día me corresponderá hacerlo, desde luego.

—¡Vaya, vaya! Tendremos que echar un parrafito tú y yo, un día de éstos...

—Con mucho gusto, don Marciano. ¿Los Cohíbas de siempre?

Pero no fue como siempre, porque en esta ocasión y contra su costumbre, ya que la propina no podía cargarse en la cuenta, el subsecretario le regaló veinte duros. Cuando se alejó el muchacho, don Marciano comentó en voz baja a su primo y secretario particular:

—¿Has oído? Puede resultar interesante.

—Te advierto, Marciano —le desilusionó el otro— que a esa edad suelen ser incorruptibles.

—No creas. Yo conocí a Juan Guerra cuando tenía más o menos los años que éste y ya apuntaba las tendencias que le han hecho famoso...

Al despedirse de Sento, don Marciano estuvo especialmente afable:

—Buenas tardes, maestro. Felicita una vez más a la cocinera; se llama Adelaida, ¿no?

—No, señor y usted perdone: Fina. Pero si lo prefiere...

—¿Y el botones? El chico del tabaco... ¿Cómo se llama?

—Juan Luis. Juan Luis García no sé qué...

—Gran muchacho, ¿eh? ¿Verdad, Feliciano?

—Ya lo creo. Grandísimo —corroboró el pequeñajo.

—Pero tiene pájaros en la cabeza —enfrió Sento—. Le da por tocar el pito.

—Ya, ya nos lo ha dicho. No te sepa mal; claro, tú no eres aficionado. Pero se trata de un menester importante y hasta decisivo en el actual colectivo social. Oye, y además de su trabajo aquí, ¿estudia algo?

—Creo que idiomas.

—Excelente medida. —A Feliciano—: Anota regalarle unos casetes.

—También hay vídeos...

—No te precipites; todo se andará. Bueno, Sento; puedes decirle al muchacho que le tengo en gran estima.

Sin comprender tan súbito afecto, Sento los acompañó hasta la puerta; antes de despedirse el subsecretario se interesó:

—Dime, ¿estás satisfecho de la conducta del tal Juan Luis?

—No es mal muchacho...

—Imagino que te respetará como mereces... Y que por tu parte le aconsejarás cuando haga falta... A esas edades, un buen consejo siempre es necesario...

—Ya sabe cómo son los chicos de ahora... Pero, en fin, éste es bastante obediente...

—Me lo imaginaba. Bien, bien. Pues hasta la próxima, querido...

Estrechó calurosamente su mano y pasó entre la doble fila que, como siempre, habían formado respetuosamente los guardaespaldas.

* * *

Si el mejor escribano puede echar un borrón, ¿ha de extrañar que una camarera tan estupenda como Sacramento sea capaz de verter media sopera sobre la chaqueta de un cliente? Así ocurrió, un infausto viernes, frisando las quince horas y con el restorán a tope, para mayor escarnio. Todavía hoy le resulta imposible a la chica explicar cómo sucedió semejante desaguisado; venía ella, en alto la bandeja con la humeante cacerola y justamente al llegar junto a la mesa cinco, ocupada por dos señores con buena facha, perdió pie, trastabilleó, intentó recuperar el equilibrio y, aunque lo consiguió, en el vaivén, la mitad al menos de la sopa de fideos se derramó sobre el traje del sorprendido cliente, afectando enteramente las solapas e interesando, asimismo, la corbata y la camisa color salmón, en una extensión aproximada de diez centímetros, con salpicaduras a la altura del esófago y cercos grasientos en todo el hemitórax. Pronóstico reservado.

Sacramento dio un grito; el afectado se levantó, mascullando en voz baja (porque era muy educado) las palabrotas inevitables en tales casos; acudió presuroso Sento y también don Romualdo, que estaba comiendo en la mesa contigua y que, siempre diligente, aconsejó los primeros auxilios:

—Sifón. Hay que rociar con sifón la zona afectada...

—¿No le parece que será mejor aplicarle polvos de talco? —contradijo el acompañante del afectado, un individuo amondongado, con cara de acelga.

—No, señor; el tratamiento húmedo es más eficaz. Hágame caso: soy veterano de dos guerras...

Sacramento, abochornada, sólo supo decir:

—Le doy mi palabra de que ha sido sin querer...

—Ya me lo imagino, joven... —comentó el afectado, a la vez que la miraba con manifiestos instintos carniceros.

Sento, que había retrocedido hasta el mostrador, volvía ya con un sifón en la mano.

—Con su permiso, caballero... —regó generosamente la chaqueta del damnificado con el agua carbónica, que salió chisporroteando con tal violencia, que incluso salpicó al acompañante.

—Disculpe otra vez... —rogó Sacramento, en plena sofoquina—. No sé qué me ha podido pasar...

—¡Que estás pensando en las musarañas! —Ensayó un gesto angelical, para solicitar del perjudicado—: Si el caballero quiere quitarse la chaqueta... Podemos secarla en la cocina...

El otro le dirigió una mirada llena de desprecio.

—El caballero, que efectivamente lo es —precisó—, nunca osaría sentarse en mangas de camisa en un lugar público...

—Tiene usted toda la razón. Excúseme. —Se sonrojó Sento, para derivar en la camarera su indignación—: ¡Y tú, ¿qué miras?! ¡Trae otra vez la sopa! ¡Pero fijándote en lo que haces!...

Don Romualdo terció, con ánimo sedante:

—Esto del sifón suele dar buen resultado. En lo que cabe, se entiende.

—El traje es muy bonito —alabó Sento.

—Y lo estrenaba hoy...

—¿De verdad? Nadie lo diría...

—¡Naturalmente! Porque a un dandi nunca

se le nota cuando estrena traje. Y yo soy un dandi.

Desde la mesa inmediata, un sujeto menudo, chingo (es decir, chato), de ojos vivos y pómulos hundidos, seguía la escena con patente atención. Aún pareció interesarse más cuando el mesonero, hecho unas mieles, comunicó al damnificado:

—Por supuesto, para reparar en lo posible el daño que de modo tan involuntario se le ha causado, la casa tendrá mucho gusto en invitarles...

—Gracias —dijo el acompañante—. Porque le advierto que el traje es hecho a la medida; nada de *prêt-à-porter*...

—Noventa y dos mil pesetas —tasó la víctima—. ¡Ah! Más IVA.

—¡Repalleta!

—Y aún gracias que es color marengo... —El acompañante aclaró a Sento—: El señor Marqués tiene especial predilección por los trajes oscuros.

—¿Marqués de...? —interrogó el mesonero, a quien los títulos le privan.

—Marqués de nada. Bueno. Marqués de apellido. Braulio Marqués Calomarde y Díaz-Vega.

—Tanto gusto. Vicente Roig, propietario de «El Orgullo de la Huerta». Bien, señor Marqués, pues lo dicho: todo está pagado. La comida, la bebida, los cigarros...

—Muchas gracias. —Sensiblemente reducido su enojo, quitó hierro a la situación—: En realidad, ha sido una mala pata...

—Un azar infortunado... —corroboró su acompañante.

—Desde luego. Si me permiten...

Sento regresó hacia el mostrador; el sujeto chingo, de ojos vivos y pómulos hundidos, que no había perdido palabra de la conversación, pareció quedar en meditación, como rumiando algo. Don Romualdo, visto que nadie le daba comba, había vuelto a su mesa y a su plato de callos, a la vez que sonreía leyendo la diaria columna de Campmany en el *ABC*.

Cuando Sacramento terminó de servir la sopa al pringado, esta vez sin estropicio, el sujeto chingo le llamó, con un gesto.

—Oiga, señorita. Para postre, arroz con leche. Un plato bien grande.

—Lo siento, aquí no servimos el arroz más que como debe ser. Lo de endulzarlo con canela es una herejía: palabra del amo.

—¡Ah! Pues, entonces, natillas. ¿Hay natillas?

—Para succionarse los dátiles de fruición... —Pasado el susto, la camarera había recuperado su natural castizo.

—En plato hondo, ¿eh? Y llenito...

Minutos más tarde regresaba Sacramento portando, más que un plato, una fuente de doradas natillas. Ya estaba junto a la mesa del sujeto chingo; avanzó los dos últimos pasos, pero algo se enredó en sus pies, de tal forma que se vino al suelo y, con ella, las natillas. La alevosa zancadilla del individuo de hundidos pómulos había sido, sin embargo, prematura; pues al caer, todavía a un metro de la mesa, la camarera llevó consigo el plato, que se estrelló contra las baldosas, aunque no sobre la chaqueta del taimado cliente, como sin duda éste pretendía; tan sólo le salpicaron muy ligeramente los hombros. Volvió a gritar la chica, llegó Sento hecho un basilisco, y otra vez don Romualdo, servicial y oportuno, acudió para ayudar a levantarse a Sacramento y moderar la indignación del amo, que, olvidando el respeto que debían merecerle sus clientes, a punto estuvo de golpearla.

—Pero ¿qué demonios te pasa, estúpida? ¿En qué piensas? ¿Es que no miras por dónde vas?...

—Señor Sento, por mi padre que ahora no ha sido culpa mía...

—Una mala suerte, una fatalidad... —suavizó el veterano de dos guerras.

—¡Unas narices!... —gritó el mesonero.

El sujeto chingo se había levantado; y hasta se vio en la obligación de excusar a la camarera.

—Tiene razón la señorita; está claro que ha resbalado.

—Más bien diría que tropecé con algo... —rectificó ella, con retintín.

—En todo caso, se trata de un accidente fortuito...

—Además, hubo suerte: no le ha manchado —observó don Romualdo.

Y el Sento suspiró:

—¡Menos mal...!

—Menos mal..., según se mire... —dijo el chingo.

Sagrario, tras recoger del suelo los restos del plato, fue a buscar la escoba. Regresó don Romualdo a sus callos y a su *ABC*. Sento sacudió con la mano las hombreras del traje del sujeto chingo, que no era, ni de mucho, como el del señor Marqués, sino un terno confeccionado, con demasiados años de vida sobre sus forros.

—Efectivamente, no está manchado... —confirmó.

El chingo extendió los brazos para mirarse las mangas.

—Hombre, manchas, lo que se dice manchas, como las de aquí, el caballero, parece que no hay ninguna... Sin embargo, las salpicaduras...

—¡Pero si apenas se notan!... No tienen ninguna importancia...

—No sé qué decirle... —Dudó unos segundos; finalmente, se decidió—: Claro, ya comprendo que no dan para invitarme a comer. Pero para una copita, ¿eh? Para una copita sí que valdrán...

5. MÁXIMO CASTIGO

La partida es como un rito, como una ceremonia lúdica, suele decir el Resti, siempre petulante en su lenguaje, y Juan Luis, el botones-cerillero-árbitro colegiado, gusta de seguirla en silencio, de pie y cambiando de lugar, ora tras uno, ora tras otro, que así aprende táctica y picardía, un pito, dice Sento, me doblo, le responde don Amalio, pues yo paso, el bueno de don Niceto tiene malas fichas casi siempre, aunque sabe jugarlas muy requetebién, vamos a dar un golpe a seises, ahí va ese muerto, respira Sento quitándose el doble, yo también paso, no lo dijo más claro Garcilaso, venga ya ese cinco, por favor, silencio, que este juego lo inventó un mudo, pero ustedes han inventado el domimús, la boquita cerrada y todos quietos, que ahora sólo pongo yo, ésta, esta otra y a contar, seguro que suman tres o sea que sanseacabó...

Y como están empatados, vamos con la buena, esperemos que cambie la suerte, suele decirlo el cura, que llevo no sé cuántos juegos con el seis doble de regalo, excusas, mi querido amigo, claro, con esas fichas que le están entrando, cinco blancas en la mano, cualquiera gana, lo que pasa es que hay que saber colocarlas, y de su compañero, ¿qué me cuenta?, porque antes pude imponer mi juego, pero era mano aquí, y yo me sacrifiqué, buena pieza está usted hecho, dale con los doses, ya sabe que no tengo, entonces cierro y vamos a ver qué pasa, hombre de Dios, a quién se le ocurre, pero ¿cómo podía pensar que llevaba usted tanta metralla?, aquí hay veintisiete, treinta y dos aquí, no puede ser, perdón, son treinta y tres, de modo que seis al bote...

La emoción es absoluta, van empatados a trece, las dos parejas han caído en el pozo, como suele decirse y suena el teléfono, anda, Juan Luis, vete a ver y regresa el botones al momento, es para usted, señor Sento, el subsecretario, o sea, don Marciano, también es oportuno, en fin, mil perdones, quedamos en que me toca salir a mí, dispensen un momento. Cuando vuelve trae el gesto adusto, la faz severa, sigamos, no te marches, Juan Luis, que he de hablar contigo y sigue la partida y al final, lo normal, ya se sabe, somos invencibles, los maestros, Sento y don Niceto ganan, lo que pasa es que tienen ustedes la picha lisa, dicho sea con todos los respetos, menuda potra; sí, sí, a la sabiduría llaman suerte.

Sento pide disculpas y se lleva a Juan Luis a su cuarto y le ofrece un cigarro, gracias, ya sabe que no fumo, tienes razón, había olvidado que no predicas con el ejemplo, bueno, muchacho, atiende que se trata de algo importante, espero que lo comprendas, siéntate y escucha.

—Pero ¿qué pasa, señor Sento?

—Vamos a ver cómo te lo explico. Tú sabes de sobra quién es don Marciano... Algo más que un buen cliente; el mejor cliente de la casa. Se ha aficionado tanto a nuestros arroces, que casi a diario hay que enviárselo al ministerio, cuando no viene por aquí. Y paga como nadie; claro que no paga él, sino la Administración, pero a mí eso no me importa.

—¿Es que le ha ocurrido algo?

—No lo quiera Dios. Porque, además, es también el mejor propagandista del restorán; continuamente nos está mandando clientes, gentes importantes, políticos distinguidos, que firman las cuentas sin leerlas... De modo que tenemos que estar muy a bien con don Marciano, ¿comprendes?

—Yo procuro ser siempre amable...

—Por eso te aprecia tanto. Porque te aprecia mucho, que conste.

—Últimamente solemos hablar de fútbol. Entiende bastante.

—De eso se trata.

—Y es muy hincha del Málaga.

—Ahí duele. Porque este domingo, tengo entendido que juega con el Rayo Vallecano.

—Efectivamente. Además, da la casualidad...

—... de que lo arbitras tú.

—Sí, señor...

Sento hace una pausa, da unos pasos por la habitación, se rasca la calva, como suele hacer siempre que tiene que decir algo importante.

—¿Sabes lo que nos está dando a ganar cada mes el señor subsecretario? Más de cincuenta mil duros. ¿Lo oyes bien? Doscientas cincuenta mil pesetas.

—Eso es mucho arroz, ¿eh?

—Eso permite que yo te pague puntualmente tu sueldo... Bueno, tus comisiones, ¿qué más da? Y además, don Marciano es tu mejor cliente, ¿no es así?

—Desde luego. El único que fuma puros de quinientas pesetas.

—¿Te das cuenta, muchacho, de que merece todas nuestras atenciones?

—Ya le digo que procuro estar muy finolis con él...

—¡No es eso, no es eso! ¡Che! Pero ¿no coges onda? Vamos a ver: ¿a ti te cae bien el Málaga?

—En el terreno de juego soy daltónico; o sea que no distingo los colores.

—¡Qué gracioso, hombre!... Además, don Marciano es también muy generoso...

—Sólo de un tiempo a esta parte; antes no me daba propina, pero ahora, de veinte duros para arriba.

—¿Lo ves? Estoy seguro de que tendrá un buen detalle si...

Vacila. Calla unos segundos. Juan Luis inquiere:

—¿Si qué?

—Si el domingo gana el Málaga.

Y el chico, que sigue en Babia, pregunta lleno de candor:

—¿Es que piensa primar a los jugadores?

—¡No! ¡A los jugadores, no, repalleta! —se excita Sento.

—¿Entonces...?

Otra pausa, otro paseíto. Ahora adopta un tono de voz dulce, convincente, persuasivo:

—Ya sabes que yo no entiendo mucho de futból. —Sento dice siempre «futból», acentuando la o—. Pero parece ser que un penalty a tiempo... que un *off side* en el momento de peligro..., incluso la expulsión de un jugador clave... ¿Me sigues?

—Sí, sí, señor —continúa en la inopia.

—Y todo eso depende del árbitro, ¿verdad?

Juan Luis, por fin, capta la onda. Juan Luis se pone en pie, muy digno, muy solemne.

—Perdóneme, señor Sento. Me da la sensación de que me está proponiendo un soborno.

—¡Qué soborno ni qué gaitas! ¡También son ganas de usar palabras desagradables! Se trata tan sólo de que, si fuera preciso, si el partido se pusiese difícil para el Málaga, pues tú...

—Yo soy honrado.

—¡Claro, hombre, claro! Eso no lo duda nadie. Pero también eres humano, y los humanos nos equivocamos. Como se equivocan los árbitros. ¿O no?

—Desde luego. Lo malo es que ahora, con la moviola, quedamos después con el culo al aire, y usted dispense.

—¿Lo ves? Te creías sinceramente que era penalty, aunque resulta que estaba fuera del área... Ocurre todos los domingos. Y si ese penalty le vale los dos puntos al Málaga... Pues entonces...

Dignísimo, enfático, redicho, Juan Luis interrumpe:

—Lo siento. Yo puedo equivocarme, pero no prevarico.

—¿No qué?

—Que no me salto la ley, por mucho que me presionen. Dígale a ese señor que conmigo pincha en hueso.

Y da media vuelta, camino de la puerta. Sento le agarra por el brazo y le habla, ahora con desespero:

—¡Que me buscas la ruina, Juan Luis! ¡Que se te han acabado los puros de quinientas pesetas!

—Mi conciencia no tiene precio. —El chaval parece talmente de otros tiempos.

—¡Que esto puede ser el desastre, la ruina del restorán, el fin del negocio, el caos!... Que...

Pero el incorruptible botones-cerillero-árbitro colegiado se limita a decir, muy secamente:

—Buenas tardes.

Y sale del cuarto, con la cabeza erguida y el orgullo de su honradez intacta. Sento masculla unas palabrotas en vernáculo, cruza las manos y las agita con irritación, para terminar dirigiéndose a la imagen de la Virgen de los Desamparados, a la que, una vez más, quiere confiarle sus cuitas:

—¿Te das cuenta, *Mare de Déu,* la mala suerte que tengo? Para un tío decente que queda en el país, va y me toca a mí...

Regresa malhumorado a la mesa donde los compañeros de partida andan enzarzados en conversación política, que es lo que suelen hacer cuando agotan los comentarios sobre los incidentes del dominó. Don Niceto lamenta, como cada día, la situación moral del país, ya lo denunciaron los obispos en su carta colectiva, la permisividad del gobierno, qué digo permisividad, más que tolerancia es complicidad, ha llevado a esta pobre España, que fue luz de Trento, martillo de herejes, a una situación vergonzosa, donde el vicio se consagra y las aberraciones nada importan, no lo sabe usted bien, remacha don Amalio, no hay más que ver las gorrinadas que nos dan por la televisión del Estado y a qué horas, oigan, que las criaturas van a crecer ya corrompidas, y cómo está la calle, cuéntemelo a mí, que la mía la han hecho peatonal y aquello es una vergüenza, miedo da pasar, infestada como está de prostitutas y de maricones, llámelos homosexuales, digo maricones, que es como se los llamó siempre y qué espectáculo el de la calle peatonal, el Resti hace el chiste, entonces más bien habría que llamarla putonal.

Lo que ocurre es que ya no hay decoro público, insiste el cura, fíjense cómo dilapida el gobierno del PSOE los dineros que nos saca a todos, no me recuerde la cosa de los impuestos, que me pongo a llorar y digo yo, ¿en qué invierten tantos miles de millones?, porque no han hecho ni un hospital, ni una autopista, ni un pantano, ¡ay, aquella política de pantanos del difunto Caudillo!, con cuatro perras que pagábamos al Fisco, ésa es la otra, pero entonces los ministros no viajaban en Mystère ni tenían guardaespaldas, cuidado, ni tampoco les pagábamos los chalés a sus queridas, qué razón tiene don Niceto, y qué derroche continuo el de estos políticos que padecemos, ¿qué les parece la ampliación del Congreso?, una obra absurda, para que cada uno tenga su despacho y digo yo, ¿para qué lo querrán?, si después no aparecen por el hemiciclo o cuando lo hacen, votan con los pies, con los pies nos están gobernando...

—¿Y la piscina que están construyendo en el Senado? Mármoles, espejos, jaspes, un lujo asiático... Todo, eso sí, a costa de los contribuyentes.

Inesperadamente, Resti comenta:

—Pues a mí, lo de la piscina para los senadores me parece lógico. Más aún: perfectamente congruente.

—Pero ¿qué dice usted?

—Vamos a ver. ¿Qué hace un senador?

Hay unanimidad en la respuesta:

—Nada.

—Pues entonces necesitará una piscina...

Todos ríen; hasta Sento, a pesar del cabreo que trae.

* * *

Porque el Resti es ingenioso, vaya si lo es, y tiene conocimientos enciclopédicos, lo cual no supone cultura en la verdadera acepción del concepto, pero le permite seguir todas las conversaciones, traten de lo que traten y de vez en cuando, deslumbrar al auditorio, cuando no es excesivamente letrado, con frases altisonantes, incluso en idiomas foráneos y lenguas muertas, que mucho ha viajado el imitador de aves, mamíferos y ruidos centrífugos en sus tiempos de artista circense, lo único que de él se conoce, pues jamás cuenta nada de sus orígenes, talmente se diría que nunca tuvo parientes.

Fina se ha habituado a sus zalemas, agradece sus requiebros, celebra sus carantoñas y también, mujer al fin, hembra que ha enfilado la madurez y casi está a punto de superarla, se satisface especialmente cuando el novio, galanteador, prometido, querindongo, llámenle como mejor les plazca, le proporciona placeres carnales y hasta vuelca en ella su larga experiencia de veterano seductor, así que, ¿cómo va a negarle nada?, el hombre es bueno en el fondo, piensa la cándida, ha tenido siempre mala suerte, ahora mismo no encuentra modo de colocarse, pero bien que ayuda en la cocina y está siempre dispuesto a echarle una mano al señor Sento en lo que sea y colabora con las camareras, no sabe la muy crédula que con Sacramento, la colaboración trasciende de lo puramente laboral y, aunque no ha llegado aún a nada definitivo, de la picardía del Resti cabe esperarlo todo, máxime cuando se combina con la incontinencia y la frescura de la chulapona doncella, entiéndase lo de doncella tan sólo en su sentido menestral.

Sento entra inesperadamente en la cocina; Sento continúa desasosegado por la absurda probidad de Juan Luis y vuelve a estar enfurruñado, así que al sorprender al Resti jugueteando con la cocinera, en plan de caricias y arrumacos, reprende severamente al galán, más respeto, ¿qué se ha creído?, la cocina es lugar sagrado y lo está infamando con sus toqueteos impúdicos, ¡ay, señor amo, no se ponga así, intercede Fina, lo que pasa es que mi novio es muy cariñoso!, yo le llamaría más bien granuja, replica Sento, porque a todas éstas, ¿qué hay de la boda?

—Cada día que pasa falta menos... —responde el imitador, siempre impávido.

—Ya lo está oyendo...

—Tú te lo crees todo, porque estás lo que se dice embobada. Ni te has preocupado en pedir informes suyos, que es lo que se hace siempre con los novios. Dime, ¿sabes algo de su vida?

—Nada importa su vida anterior...

—¡Che, ni que fueras cantinera de la Legión!

—Pregunte lo que quiera —ofrece, muy digno, el aludido—. Estoy dispuesto a satisfacer su curiosidad, por insana que resulte.

—¿Ah, sí? Entonces, háblenos de su familia.

—Procedo de una familia de longevos. Si mi abuelo no hubiese muerto en mil novecientos cincuenta y uno, tendría ahora ciento cuatro años.

—Y usted, de verdad, de verdad, ¿qué edad tiene?

—La edad de Arturo Fernández, la talla de José Coronado, el peso de Robert Redford, el bigote de Mastroianni y la casi calva de Sean Connery.

—¡Cuéntale cómo hiciste una fortunita! —anima Fina.

—Mis primeros ahorros los conseguí a los veinte años, vendiendo mi ración de tabaco a los otros reclusos. Después... la bohemia, el mundo del circo, mi natural pródigo... Porque yo entiendo que el dinero no lo es todo en la vida.

—Déjese de filosofías. ¿Amores?

—Auténticos, verdaderos, fidedignos, sólo éste... —Agarra de la mano a la cocinera, que se estremece de dicha—. Aunque, por supuesto, los flirteos fueron numerosos. A punto estuve una vez de casarme con una millonaria mexicana.

—¿Y por qué no se casó?

—Ella no quiso.

—¡Lo que se perdió, la muy tonta!... —comenta la enamorada.

Sento se rasca la calva, antes de pronunciar la frase trascendental:

—Pues yo sigo sin fiarme un pelo de usted.

—Soy tan serio, señor mío, que pienso pedir la mano de Fina mediante instancia debidamente reintegrada con póliza de cincuenta pesetas.

—A ver si es verdad...

La situación se ha apaciguado, la crispación se ha distendido. Sento, con su pesadilla constantemente en la cabeza, cambia de tema:

—Supongo que también entenderá de futból (ya saben, acentúa la o), porque usted sabe de todo.

—Favor que me hace. Ciertamente, tengo extensos conocimientos acerca del balompié.

—A mí nunca me ha gustado eso de ver a unos tíos corriendo en calzoncillos detrás del balón...

—Pues cuando era joven —le recuerda Fina—, muchos domingos bien que se iba a Mestalla a ver al Valencia.

—Bueno, porque entonces jugaba mi amigo Puchades, que es de Sueca, al lado de mi pueblo...

—Excelente prototipo de la furia española, hoy por desgracia desaparecida —enfatiza Resti—. Recuerdo aquella inolvidable tarde del verano del cincuenta, cuando derrotamos a Inglaterra en Maracaná, con el gol histórico de Zarra...

—Sí, de eso también me acuerdo. Pero vayamos a lo que me interesa: ¿usted cree que los árbitros se venden?

—Personalmente, creo que no. A pesar de las acusaciones que está lanzando últimamente el señor Gil y Gil, puras sandeces, pienso que se equivocan mucho, pero nunca intencionadamente.

—¿Y cómo puede saberse si las equivocaciones no son premeditadas?

—De ninguna forma, ciertamente. Pero coméntelo con nuestro joven botones, que es del gremio y podrá informarle mejor que nadie.

—Ya lo he hecho, ya. Coincide con su criterio...

Al siguiente día, miércoles, don Marciano va a comer a «El Orgullo de la Huerta» con Luisita y su primo Feliciano y la mujer de éste y, obviamente, su séquito de guardaespaldas y hace un aparte con Sento, dime, ¿hablaste con el muchacho?; verá, señor subsecretario, estas cosas hay que llevarlas con diplomacia, algo le he insinuado, pero no conviene precipitarse, ten en cuenta que el partido es el domingo por la mañana, por cierto, resérvame ya la mesa, los domingos cerramos, tienes razón, no me acordaba, bien, de todos modos, pasaré por aquí, espero que para que tomemos unas copas en la intimidad celebrando la victoria del Málaga y el subsiguiente ascenso, ojalá podamos hacerlo, en ti confío...

El primo Feliciano entrega a Juan Luis una docena de casetes, son para que aprendas idiomas, lo mejor que hay en el mercado, ya veo, ¡casi nada!, los de Planeta-Agostini que anuncian en la tele, muchísimas gracias, no me las des a mí, sino a don Marciano, que tanto te aprecia, pero es muy mirado y no ha querido dártelos él, para evitar suspicacias, ya sabes que los políticos del PSOE pregonan, con razón, sus cien años de honradez, ya sé, ya sé, dice el chaval sin ninguna convicción, porque lee los periódicos y está al cabo de la calle de los enjuagues y cambalaches de estos señores que mandan, no se habla de otra cosa en el barrio, la caradura que tienen y cómo nos han engañado.

Cuando llegan los compañeros del dominó, Sento vuelve a plantear el tema del fútbol, «futból» en su fonética, y todos coinciden en que se trata de un fenómeno social de magnitud universal.

—Aunque para mí —explica don Niceto—, semejante juego es fómite de pecado para las mujeres y no se diga, para los desdichados pederastas, a quienes tanto debe excitar la contemplación de los varoniles muslos, robustos y velludos.

—¿Y esos abrazos que se propinan cuando meten

un gol? —recalca don Amalio—. ¡Hasta se dan palmaditas en el trasero!

—Una vergüenza, una auténtica inmoralidad.

—Humildemente, debo reconocer que tengo un sobrino futbolista. Quizá les suene: se apoda *Pichurri* —confiesa el catedrático, a media voz y los ojos bajos.

—Pediré por él al Señor.

—Es hijo de mi hermana Elisa, que tiene otros tres hijos, mayores que éste. Uno es músico; el otro, biólogo, y el tercero, catedrático.

—De modo que el tal *Pichurri* es la oveja negra de la familia.

—Sí, por supuesto. Aunque debo reconocer que ayuda mucho a sus hermanos; económicamente, me refiero. Claro: esta temporada le han dado cincuenta millones por renovar la ficha.

—Lamentable. ¿Qué le ha quedado a usted de jubilación?

—Después de cuarenta años consagrado a la enseñanza, algo menos de cien mil pesetas. También es verdad que yo tenía siempre el aula medio vacía y *Pichurri* llena los estadios...

Don Amalio, quizá para consolarse, enciende con parsimonia un farias; lo hace con cierto sentido ritual, recreándose en el menester. Resti le censura cariñosamente:

—Fuma demasiado... ¿No ha leído esa advertencia que hacen las autoridades sanitarias en las cajetillas de tabaco, acerca de los peligros de la nicotina?

—¡Claro! Y me parece una estupidez.

—Dice usted muy bien —asevera don Niceto—. Hay otras cosas más dañinas que el tabaco y, sin embargo, esas mismas autoridades no lo avisan.

—Sí, eso es verdad.

—¡Naturalmente! Porque, por las mismas, aquí en el restorán debía haber letreros que dijesen: «Ojo con la fabada: aumenta el colesterol.» «Los menudillos son fatales para el ácido úrico.» «¡Cuidado con los huevos: piense en su hígado!»

—Déjense de chorradas y vamos a jugar —corta Sento, a quien, por elementales razones, no le gusta el sesgo que ha tomado la conversación.

Mueve las fichas; cada uno toma las siete que le corresponden y abre con el seis doble don Niceto, que, ¡cómo no!, lo ha cogido a las primeras de cambio.

* * *

—¡Ay, señor Sento, yo no sé qué mosca le ha picado, pero tiene usted los nervios peor que las mujeres de esa película tan famosa!...

Fina, siempre pendiente del amo, le ha preparado una tila, que él rechaza, déjate de tisanas, lo que yo necesito es una copa de coñac...

—¡Pero si son las doce del mediodía y aún no ha comido nada!

—Ponme un coñac y no te preocupes, que para preocupaciones ya tengo bastantes con las mías...

Y tanto... Dentro de veinticuatro horas, justamente veinticuatro horas, estarán saltando al campo, el verde gazón, como todavía escribe algún cronista cursi, los bravos muchachos del Málaga para enfrentarse con los no menos arriscados del Rayo Vallecano, en un partido decisivo para el ascenso de aquéllos a la División de Honor (sólo la victoria les vale), bajo la dirección del joven árbitro del Colegio Aragonés Juan Luis García Palazón, la más firme esperanza de la nueva generación de *referees,* hasta el punto de que, pese a lo breve de su carrera, algunos le comparan ya con el malogrado Guruceta y el mismísimo Escartín, insustituible maestro del silbato, ha destacado con elogio sus conocimientos técnicos y su preparación física.

A primera hora llamó don Marciano, qué me cuentas Sento, cómo ves a nuestro personaje, no sé qué decirle, ya le conoce, el muchacho es muy reservado; bien, pero supongo que tú le habrás dado un toquecito, naturalmente, miente el mesonero, por mi parte no ha de quedar, por cierto que ayer me pidió permiso para no venir este mediodía al trabajo, dice que querría darse unas carreras por la Casa de Campo para estar mañana en forma, se ve que le preocupa el partido, faltaría más, ¿no comprendes que se trata de su debut en Madrid?, ya imagino que le habrás autorizado; claro, claro, por supuesto, don Marciano. Y apenas cuelga, llama por teléfono al botones, pues lo cierto es que le negó la licencia, mira, Juan Luis, lo he pensado mejor y tienes razón, los sábados a la hora del almuerzo siempre hay poco trabajo, así que vete a correr todo lo que quieras, muchísimas gracias, señor Sento, no hay de qué darlas, ¡ah!, y no te olvides de que el señor subsecretario es hincha del Málaga...

Efectivamente, y según ocurre siempre, sólo hay tres mesas ocupadas a la hora del almuerzo, aunque a efectos de recaudación debamos contar nada más que dos, pues don Romualdo Cañizares Pardezuela, por las fechas del mes en que nos encontramos, dejará sin pagar su facturita, no se preocupe, esperaremos a que le ingresen la pensión, agradecido una vez más, es usted un verdadero amigo, ¡qué país éste!, un veterano de dos guerras como servidor teniendo que humillarse de semejante forma, vamos, vamos, que lo hago con mucho gusto, ande, tómese una copita, que está invitado.

A eso de las tres entra en el restorán un tipo flacucho, de lacias melenas, traje oscuro y corbata negra sobre una camisa que, originariamente blanca, ahora casi hace juego con aquélla por mor de la mugre acumulada. Lleva de la mano a una niña como de seis o siete años, morena, de ojos negros y llorosos, pues sollozando está, entre hipos y gimoteos. Muy tenuemente, el tipo pregunta a Sagrario:

—¿Podemos comer?

—Por supuesto. ¿Le parece bien esta mesa?

—Sí, muchas gracias.

Ayuda a sentarse con cariño a la pequeña, que

continúa haciendo pucheros. La camarera le sonríe, le hace una carantoña, le pregunta:

—¿Por qué lloras, guapa?

—¡Yo quiero ir con mi mamá!... —gimotea la cría.

—Claro, nena... —dice el flacucho—. Pero antes vamos a comer, ¿te parece? Porque a esta hora siempre tienes ganita... ¿A que sí?

Santo se ha acercado y entrega la carta al cliente, que, sin apenas mirarla, va encargando:

—Paella de mariscos para uno. Mientras llega, algo de jamón y lomo y una ensalada con bonito y anchoas y mucho tomate. ¡Ah! Y mojama.

—Muy bien, señor. ¿Para la niña?

—¿Quieres una sopita y una pechuga de pollo? —le pregunta, muy dulce, muy tierno, el hombre sucio a la criatura. Y ella vuelve a su sonsonete:

—¡Yo quiero ir con mi mamá!

—Tráigale eso —ordena a Sento. Que hace una caricia a la pequeña, antes de ir al mostrador, tomar un pequeño plato con almendras y volver a la mesa, ofreciéndoselas muy sonriente—. Toma, guapa. Para que te vayas entreteniendo.

—¡Yo quiero ir con mamá!... —reitera la chiquilla, al tiempo que intensifica sus lloriqueos.

El hombre de la camisa sucia se levanta, hace un discreto gesto a Sento, para que se aleje con él unos pasos y le confía, en voz apenas perceptible:

—Mi señora falleció ayer; la pequeña no sabe nada todavía.

—¡Lo lamento mucho! ¡Pobre criatura!...

—Imagínese mi drama. No sé cómo decírselo...

—Ya comprendo, ya. ¡Menuda papeleta!

—Porque nos hemos quedado los dos solos... Completamente solos...

Pasa un dedo por el párpado derecho, enjugando una furtiva lágrima. Sento, confundido, sólo acierta a decirle, mientras le palmotea en la espalda:

—¡Valor, amigo!...

Retorna junto a la niña el desconsolado viudo.

Sento confía la conmovedora noticia a las camareras y ellas, impresionadas, se esfuerzan en prodigar zalemas y melindres a la huérfana, que apenas come, que solamente insiste, una y otra vez, en reclamar a su madre, pobrecilla, ignorante de la tragedia. Ni siquiera se ilusiona con los dulces que le ofrecen, son yemas de santa Teresa auténticas de Ávila, yo quiero ir con mi mamá es lo único que repite la criatura, el viudo pide de postre cualquier cosa, fruta, sí, vale y para la niña...

—Le vendría bien una tacita de tila —sugiere Sento.

—Tiene razón. Con unas gotitas de azahar.

—Lo lamento muchísimo. Azahar no tengo...

—Bien, no se preocupe. En el coche llevo un calmante parecido... —Se levanta y dice a su hija—: ¿Quieres que te traiga la muñeca? —Y sin hacer caso de su muda negativa, comienza a ir hacia la puerta, aunque antes vuelve la cabeza para pedir—: Para mí, un café muy cargado, por favor...

Sagrario se pone en cuclillas junto a la huerfanita, más gimoteante a medida que pasa el tiempo. Sacramento viene con un chupa-chups, que la cría mordisquea sin ninguna convicción. En la cocina, Fina, a quien Sento ha puesto en antecedentes, reza devotamente un padrenuestro por el alma de la señora desconocida. ¿No se dedican homenajes al soldado desconocido?, pues yo pido por esa pobre mujer, que Dios tenga en la gloria y por la hijita, menudo drama, y también por el marido, que debe ser terrible encontrarse en semejante situación. Y pasan unos minutos y pasa ya un cuarto de hora y el viudo no regresa y la nena está berreando a todo berrear, así que se le acerca Sento para consolarla, en lo que cabe.

—No llores, guapa —le dice—, que tu papá ha ido al coche para traerte una cosa muy rica.

La niña, ahora con la carita muy seria, comunica:

—¡Ése no es mi papá!

—¿Cómo? ¿Que no es tu papá?

—¡Yo quiero ir con mi mamá!... —vuelve a lloriquear.

—Pero tu mamá... —vacila Sento—. Quiero decir si tu mamá...

—Mi mamá me perdió en los almacenes y ese señor me cogió en brazos... (1).

—¿Que te cogió...? Vamos a ver..., tranquilita, ¿eh?, tranquilita y sin llorar. ¿Seguro, seguro que ese señor no es tu papá?

Niega la pequeña enérgicamente con la cabeza. Sento marcha disparado hacia la puerta, la abre de golpe, sale a la calle. La calle, a esa hora, está vacía; ni un coche, ni un peatón.

—¡Seré imbécil...! —se autoincrepa—. ¡Menudo timo me han pegado!...

La niña sólo sabe que vive en la calle de Alcalá, por donde la estatua del caballo, junto al Retiro y quiere ir con su mamá, ya lo sabemos, rica, no te preocupes, venga, tú, Sagrario, toma mil pesetas y agarra un taxi y a ver si consigues dar con la casa de esta criatura, que a mí me será mucho más difícil encontrar al sinvergüenza que me ha tomado el pelo, lo único que hoy me faltaba, con la preocupación que tengo y lo que me queda por pasar hasta que acabe el partido de mañana...

* * *

Fina y el Resti no han querido dejarle solo: sin conocer la razón de su inquietud, comprenden que algún problema importante le desazona y a su lado están desde las primeras horas del domingo, mucho los ha sorprendido su deseo de seguir por la tele el partido del Rayo Vallecano, él no es aficionado, ya lo

(1) De nuevo confío en que mis lectores argentinos sabrán sustituir el verbo *coger* por el de *agarrar,* por elementales razones que no creo oportuno detallar aquí, pero que ellos comprenderán.

sabes, pero como arbitra Juan Luis, claro, querrá ver cómo le sale al muchacho su debut, quizá sea por eso, de todos modos, no me explico sus nervios, no ha parado de removerse en la silla desde que comenzó el juego y ya va por el tercer coñac, a estas horas, le puede dar algo, no te preocupes, está acostumbrado, ¡cuidado!, el Rayo está a punto de marcar y Sento da un grito de angustia, ni que fuese forofo, se llega al descanso con empate a cero.

Hasta que se reanuda el partido, no cesa de dar vueltas por el comedor, vuelve a servirse un coñac, ¡ay, señor amo, está usted abusando!, cállate, la cosa está que arde, ¿qué te parece, quién ganará?, yo qué sé, no entiendo de fútbol, el Resti por el contrario explica que a los de Vallecas les falta mordiente y que el Málaga se ha impuesto en el centro del campo, pero sus delanteros tampoco definen, el resultado puede decidirse en alguna jugada a balón parado, porque ninguno de los dos equipos consigue imponerse a los sistemas defensivos del contrario, venga, volvamos al cuarto que ya empieza el segundo tiempo, ¿ve usted, señor Sento?, los del Rayo han cambiado a un jugador de enlace por un punta, el entrenador comprende que deben penetrar en la zaga blanquiazul, hacen muy buen *pressing* esos vallecanos, pero los malaguistas salen desde atrás con peligro, en rápidos contraataques.

Minuto 26 de este segundo tiempo, ¡atención!, Paquito roba un balón en el centro del campo, avanza rápidamente, dribla a un defensa, sale a la desesperada el portero del Rayo, pero el delantero del Málaga le cuelga el balón por encima, una vaselina preciosa, ¡¡¡gol, gol, gol!!!, gol del equipo visitante, cuando faltan... dieciocho minutos para finalizar. Sento ha cantado el gol con toda la fuerza de sus pulmones y el Resti le comenta no sabía que era usted tan hincha, qué hincha ni qué ocho cuartos, yo sé bien por qué me alegro, ¡hale muchachos, a defender la ventaja, que esto se acaba en un decir Jesús!, no crea, todavía hay tiempo de cambiar el resultado, no sea gafe, cállese, majadero, tampoco es para ponerse así, caramba, que yo no le he faltado.

Minuto 43 de la segunda parte, 88 del encuentro, se mantiene el cero-uno favorable a los visitantes, el comentarista opina que el árbitro no alargará el tiempo reglamentado, antes se decía reglamentario, porque apenas hubo interrupciones, se ha jugado con nobleza por los dos bandos, afortunadamente tampoco hubo lesionados, por cierto, el árbitro, señor García Palazón está demostrando que no en vano ha logrado en muy poco tiempo un buen prestigio, a pesar de su bisoñez no ha tenido un solo error, sigue el juego muy de cerca e impone sin aspavientos su autoridad, último minuto, esto, señores, está visto para sentencia, el Málaga va a llevarse dos puntos muy valiosos, los que necesita para ascender, el Rayo quema su último cartucho, Pruden lleva la pelota, se la cede a Soto. Soto avanza, entra en el área malacitana, dispara a puerta, el balón da en el pecho de un defensa... ¡penalty!, el árbitro acaba de señalar penalty contra el Málaga, cuando apenas faltan cuarenta segundos para finalizar el encuentro! Jugada para la polémica, dice el comentarista, muy excitado, desde nuestra posición parecía que la pelota daba en el pecho, quizá era en el hombro del defensa blanquiazul, pues el señor García Palazón no ha dudado en señalar el punto fatídico, habrá que esperar a ver repetida la acción en otra toma, ésta, en plano general, no aclara nada...

Sento se ha puesto en pie, enfurecido y vomita los más atroces insultos, cálmese, después de todo, ¿a usted qué más le da?, eso es lo que tú te crees, momentos de intensa emoción, dice el comentarista, se ha hecho en el estadio un silencio sepulcral, los jugadores del Málaga protestan, el árbitro muestra tarjeta amarilla al portero Fernando, algo fuerte le habrá dicho, Soto coloca el balón en el punto de penalty, toma carrerilla, se detiene, hace una paradiña perfecta y... ¡¡¡gol, gol, gol!!! ¡¡¡Gol para el Rayo Vallecano, que empata un partido que tenía perdido!!!

Ni siquiera da tiempo para sacar del centro del campo. La televisión repite una y otra vez la decisiva jugada; en unos planos parece apreciarse que sí, el balón da en el brazo del defensa. Sin embargo, ya lo advierte el comentarista, hay que plantearse la duda eterna: ¿fue el brazo al balón o el balón al brazo? La polémica está servida, sigue diciendo, pero el resultado ya no hay quien lo mueva: uno a uno en el marcador definitivo. El Málaga ha perdido la oportunidad de asegurarse el ascenso...

Sento cierra con violencia el mando del televisor y, mascullando frases inconexas, sale del cuarto hecho un basilisco.

—Seguramente habría hecho alguna apuesta —opina el Resti.

—Eso debe ser —confirma Fina—. ¡Porque hay que ver cómo se ha puesto!

* * *

Las ocho de la noche. Sento está solo en el restorán; solo y abatido, algo achispado además, derrumbado en el sillón de su cuarto y hablando consigo mismo, repite como un soniquete:

—¡Íbamos a servir una comida para cien personas en el ministerio! ¡Íbamos a dar un banquete de cien cubiertos! ¡Íbamos a pasar la factura del siglo!...

Y en seguida, a gritos:

—¡Imbécil! ¡Cretino! ¡Gilipollas!

Se oye abrir la puerta de atrás, la de servicio. Pálido, pero sereno, grave aunque digno, Juan Luis va hacia el armario donde guarda la ropa de trabajo.

—¡Ah! ¿Eres tú? Estarás contento, ¿no? Me has arruinado, me has hecho perder a mi mejor cliente; pero claro, a ti te da igual. Faltaba un minuto para terminar, ¡sólo un minuto! y tuviste que pitar ese penalty.

—Lo siento —habla con firmeza—. El brazo fue al balón: regla setenta y tres.

—¡Y a mí qué me importa el reglamento! Lo hiciste aposta, por fastidiarme...

—Eso no, señor Sento...

—Y ahora tienes la desvergüenza de venir... ¡Si no fuera porque tengo principios, aquí mismo te partía la cara!...

—Perdóneme el disgusto; era mi deber...

—¡Ni deber ni puñetas! ¿Qué es lo que quieres?

—Vengo a recoger mis cosas; supongo que después de esto...

—¡Después de esto no quiero volver a verte en la vida! ¡Pues claro que no! ¡Estúpido, majadero, borrico!... —Y resumiendo su ira—: ¡Decente!

El muchacho, con los ojos bajos, vuelve al armario y comienza a hacer un atadijo con sus cosas: la chaquetilla a rayas negras y coloradas, el pantalón de faena, la caja del tabaco... Sento lo ha dejado solo; se está sirviendo otro coñac en el mostrador y así le sorprende la llamada; un enérgico timbrazo en la puerta de la calle. Abre a trompicones; don Marciano, erguido, fruncido el ceño, la barba parece que más hirsuta, ocupa de parte a parte el dintel con sus piernas despatarradas.

—¡Señor subsecretario...! —saluda entrecortadamente—. Pase, pase...

Mientras cierra la puerta, don Marciano ha avanzado unos pasos hacia el interior.

—¡Veamos! ¿Dónde está el árbitro ése? ¡Que dé la cara!...

Aparece tímidamente por el fondo Juan Luis.

—Aquí estoy, don Marciano...

La expectación de Sento, la angustia de Sento, duran unos segundos: hasta que el subsecretario se abalanza sobre el botones, le estruja con entusiasmo entre sus brazos y le besa en el carrillo al tiempo que le dice:

—¡Muchacho! ¡Eres un fenómeno del pito!

Sorprendido, Juan Luis apenas se atreve a esbozar media sonrisa.

—Entonces... —tartamudea—. Entonces, reconoce que el penalty era justo...

—¡Eso qué importa, chaval! ¡Era la equis! ¡La equis que Luisita tenía puesta en su quiniela!... —Enarbola con entusiasmo un pequeño papel, amarillo y rectangular—. ¡Mira, mira!... ¡Pleno al quince! ¡Y al ochenta por ciento del escrutinio, sólo un acertante: Luisita! O sea, yo... ¡Otro abrazo, hijo mío!

Vuelve a aprisionarle, vuelve a colocarle dos besos sonoros, ahora en la frente. Y, dirigiéndose a Sento, le grita con arrebato:

—¡Puedes estar orgulloso de él!...

Sento, transfigurado, eufórico, sin acabar todavía de creérselo, se les acerca, da un cariñoso cachete en la mejilla a su botones-cerillero-árbitro colegiado y confirma, con indudable fervor:

—¡Si ya se lo decía yo, don Marciano! ¡Vale mucho este Juan Luis! ¡Muchísimo!...

6. VUELTA A LAS ANDADAS

La mañana es espléndida. Sento, Resti y don Niceto la disfrutan a la puerta de «El Orgullo de la Huerta», paseando desde el restorán al estanco de la esquina y vuelta de nuevo al restorán, y así, una y otra vez, mientras charlan pausadamente de los más variados temas, esto debíamos hacerlo más a menudo, media horita cada día, sin prisas, que las prisas son el gran mal de nuestro tiempo, dice el sacerdote, y la culpa de tanto estrés y tanto infarto, en Madrid hemos perdido el hábito de vivir, estamos agobiados, oprimidos por el contorno, en perpetua crispación, vaya que sí, confirma Sento, lo que yo echo de menos Alfafar, allí todavía se tumba uno en la huerta, sobre un bancal y no piensa en nada y se entretiene mirando cómo las nubes cambian de nariz y escucha a lo lejos el aleteo de los patos de la Albufera, che, créanme que añoro la *terreta* y cada vez más, a medida que me hago viejo, no diga eso, que está hecho un chaval, como siempre Resti adula al mesonero.

—Ni una brizna de viento. ¡Y qué sol! Parece mentira esta temperatura, con el frío que hizo ayer y el chaparrón que cayó...

—Sin embargo, no hay que confiarse; recuerden la nevada que padecimos el año pasado, con el mes de mayo muy adelantado.

—Ciertamente, la meteorología está desquiciada últimamente.

—Culpa del gobierno —asegura don Niceto—. Porque un gobierno con autoridad, como debe ser, implanta las estaciones por orden ministerial, para que no se produzcan semejantes irregularidades.

Resti le dirige una mirada cargada de sorna, no se pase, mi querido Padre, talmente se diría que en tiempos de don Camilo Alonso en el Ministerio de la Gobernación, el tiempo era más normal; pues aunque se lo tome a guasa, le diré que sí, que con Franco hacía mejor tiempo, contesta muy en serio el clérigo preconciliar y a todas éstas, una señora panzuda entra en la cabina telefónica que está frente al estanco, ignora, la pobre, que lleva semanas estropeada y como el aparato no funciona, se irrita y lo golpea con furia, para averiarlo todavía más.

—Ahí tiene —señala don Niceto— otra de las desdichas que le debemos a los socialistas; el desbarajuste de los servicios públicos.

—En eso tiene toda la razón; hay que ver, por ejemplo, cómo funciona Correos...

—Mejor diríamos, cómo no funciona.

—El mes pasado —explica Sento—, una carta desde Valencia y con sello urgente, tardó seis días en llegarme. Por cierto, que me alegré mucho del retraso.

—¡Hombre...!

—Es que traía una factura...

Pasa un muchacho repartiendo prospectos de propaganda; da uno a Sento, otro al Resti, pero ignora al sacerdote, que alarga la mano para agarrarlo y el chaval retira el paquete de impresos, a usted no, señor cura, le dice, hombre, ¿y por qué?, insiste el clérigo, ¡bueno, bueno, lo que quiera!, ahí va, pero después no proteste. Lo toma y para entonces, ya está leyendo Sento en voz alta:

—«Sauna Las Delicias. Diez hermosas señoritas de alto standing, no profesionales. Francés, griego, finlandés...»

—¡Vaya! Son políglotas —comenta don Niceto.

—No es eso, padre, no es eso... —le aclara Resti—.

Ahora llaman saunas a los antiguos lupanares, mancebías o casas de tolerancia.

—¡Fíjense, fíjense! —se alboroza Sento, que sigue leyendo—. «Muchachos cariñosos, para caballeros solventes. Fátima: travestí de color, cuarenta centímetros de busto. Roxana: sadomasoquista: látigo, espuelas, cadenas, te dominará convirtiéndote en su esclavo. Se acepta VISA y American Express...» —Aunque se guarda el prospecto en el bolsillo, dice, con aparente desprecio—: ¡Qué indecencia!

—Hemos alcanzado cotas de degeneración intolerables —protesta el cura—. Esto ya es como Sodoma y Gomorra.

—De gorra nada, padre. Mire los precios: veinticinco mil pesetas las chavalas y treinta mil los mariquitas.

—Dios nos coja confesados. Y a propósito —consulta su reloj—, me voy a la parroquia que a esta hora siempre viene alguna buena mujer a limpiar sus pecados.

Le despiden con efusión. Apenas se pierde por la esquina, Sento saca el prospecto, se coloca los lentes para leerlo mejor y pregunta al Resti, oiga, usted que ha corrido tanto mundo, esto del griego, ¿en qué consiste?, pues mire, tampoco yo lo sé, mis conocimientos eróticos se han quedado en el clasicismo, de todos modos, arguye el mesonero, tiene que ser algo exquisito, por lo caro que sale, ¿qué quiere que le diga?, a mí, todas estas extravagancias sexuales me parecen excusas para disimular la impotencia. A propósito, ¿ha oído hablar de unas hierbas chinas?, el señor Sánchez Dragó, que es tan culto, dijo la otra noche en Antena 3 que resultan infalibles como afrodisíacos, con todos los respetos para el ilustre escritor, tengo mis dudas, ¿y el pippermint?, nada, una engañifa, otra leyenda desgraciadamente falsa, hay que resignarse, amigo Sento, los años pasan factura, ¡qué va usted a contarme!, de todos modos, necesito que me aconseje, porque precisamente esta noche tengo apalabrada una sesión *sexy*, ¡vaya, vaya!, volvemos a las andadas, ¿eh?...

Efectivamente, Sento vuelve a las andadas y vuelve, además, donde solía, porque ha concertado la cita amorosa con Sacramento, aunque exigiéndole toda la reserva del mundo, no vaya a enterarse don Niceto y se arme otra vez el cirio. Sin embargo, justo es reconocer que en su recaída pecaminosa no influyen tan sólo razones digamos lascivas, sino mayormente las económicas. Hete aquí que las camareras le han planteado serias reivindicaciones laborales, quieren cobrar el salario-convenio y las horas extraordinarias y que ya de una las dé de alta en el Seguro y él echó cuentas y asustado por lo que tales aumentos supondrían al mes, piensa que si reanuda su atípica relación con las chicas, ellas darán de lado las demandas de derechos, retornando a la peculiar situación anterior, tan bruscamente interrumpida por su fugaz voto de castidad.

—Pues usted dirá —se ofrece Resti.

—Antes nos tomaremos un vermutito, ¿le parece?

—Con mucho gusto. Pero explíqueme en qué puedo servirle, que me tiene intrigado...

—Bueno, se trata de su técnica... —Sirve los vermuts—. Alguna vez me ha hablado de ella, ¿recuerda? Su técnica amatoria... No ponga esa cara, demonio; quiero decir lo que les hace a las mujeres, para ponerlas a tono...

—¡Ah, ya caigo! La fase que llamo introductiva, preliminar o de preparación erótica...

—Eso, eso... Es que después de esta temporada de abstinencia... no sé, me encuentro poco fino. Y no quisiera quedar mal, en mi reaparición.

—Verá: mi técnica, como usted la llama, consiste en comenzar con un bocadito en la oreja izquierda de la dama. Fíjese bien: en la izquierda. Después, leve cosquilleo a lo largo del cogote, ¡ojo!, sólo con dos dedos, éste y éste. Y en seguida, otro bocadito, ahora en el pabellón auricular derecho.

—A ver, a ver... —repasa Sento—. Izquierda, cogote, derecha... Entendido.

—Y, sobre todo, mucha suavidad. Hace años que siempre comienzo así mis escaramuzas carnales y puedo asegurarle que el sistema no me ha fallado nunca. ¡Nunca!

—¡Estupendo! No sabe cuánto le agradezco...

—Ya puede hacerlo. Jamás había revelado a nadie mi técnica personal para poner en situación a la pareja...

—Con mayor motivo. Otra vez, muchas gracias...

—Que haya suerte...

* * *

Como en los mejores días, el cuarto de Sento está alumbrado por la sicalíptica luz roja. La foto de su santa madre, de cara a la pared; la imagen de la Virgen, pudorosamente cubierta con el lienzo oscuro. Sacramento, que ha sido citada a las doce en punto —hora de brujas—, espera sentada de espaldas a la puerta, debidamente dispuesta para el ejercicio que se avecina: sujetador y liguero blancos, de fina lencería, medias de lamé, también blancas, el pelo suelto y un cigarrillo entre los dedos. Sento, nervioso como un principiante, se bebe en el mostrador una copa de menta, digan lo que digan, de algo servirá, piensa, y va hacia su habitación ajustándose el batín azul de seda, tradicional uniforme en las jornadas libidinosas. Cuelga en la puerta el cartel, robado del hotel Avenida Palace en un viaje a Barcelona. «No disturb. No molesten», abre con mucho tiento y se acerca de puntillas a la hermosa mujer, cuyas desnudas espaldas le atraen irresistiblemente. Va repasando en la memoria los consejos recibidos y los cumple con exactitud: bocadito en la oreja izquierda, suave cosquilleo con dos dedos, éstos precisamente, en el mórbido cogote, otro bocadito en la oreja derecha...

Los resultados inmediatos confirman la bondad

del sistema. Sacramento se estremece. Sacramento lanza un suave gemido de placer. Sacramento se deshace en mieles. Y Sacramento, con voz cargada de pasión, susurra:

—¡Ay, Resti, Resti! Pero ¿qué haces tú aquí, loco?...

* * *

Fina no lo entiende; otra vez el amo está de morros. Lo que más le duele es que ahora centra su iracundia en Resti, como si tuviera algo personal contra él. Y le habla con retintín, con frases de doble sentido y en la partida de ayer se puso violentísimo, simplemente porque, contra lo habitual, perdió todas las manos y, al terminar, comenzó a soltar tacos de una manera desaforada, cuando don Amalio, bromeando y sin ninguna mala intención, dijo que la victoria se debía a la técnica del Resti.

Semejante actitud le entristece de modo especial, pues su prometido, siempre le llama así, parece decidido a plantearse ya en serio el matrimonio, lástima que no acaban de llegar unos papeles que necesita para completar su documentación y es que, como nació en Tetuán y ahora eso pertenece a los moros, hay que llevar todas las gestiones a través de la embajada o del consulado, no recuerda bien, pero Resti va cada semana a reclamarlos e incluso reparte propinas entre el personal, muy generosas, por cierto, la última vez le tuvo que prestar diez mil pesetas, ella lo comprende, ya se sabe lo conveniente que resulta untar a los funcionarios si se quiere que avíen con presteza los trámites burocráticos.

A las once en punto, como cada mañana, Fina le sirve el desayuno al señor Sento; una leche fría, nada más; y entra en su cuarto con muchísimo respeto, llevando el vaso en una bandeja, juntamente con el envase de cartón de la leche Pascual, para que él mismo se la sirva, y como hoy está nervioso, al agarrar el recipiente y hacer presión, salta un chorro que le pone perdida la camisa, en seguida se encalabrina y venga decir palabrotas, estos inventos de ahora son una mierda, por qué no vendrá la leche en botella de vidrio, como toda la vida, perdone, dicen que este sistema es mucho más higiénico, ¡puñetas con la higiene!, lo que pasa es que sale más barato, a mí dame la leche embotellada, ya que no puede ser directamente de la vaca, acuérdate en el pueblo, la tomábamos desde las mismas ubres.

Se la queda mirando y comenta, muy groseramente:

—A propósito de eso, tú estás más delgada...

—Claro; es que sigo una dieta que me ha aconsejado Resti.

—¡Lo único que faltaba: que ese individuo te haga partidaria del régimen!... Anda, tráeme el diario...

Sento lee todos los días *Las Provincias,* diario decano de la región valenciana, para enterarse de lo que sucede en la *terreta,* aunque lo recibe con retraso, antes era una fecha, pero tal y como están los Correos, hay semanas que se le juntan dos o tres números, tampoco le importa demasiado, la actualidad informativa le resbala, lo que le interesa es poder estar al tanto de la preparación de las fallas y de las fiestas de moros y cristianos en los pueblos de Alicante y de los disparates que cometen los ayuntamientos de La Safor, hay que ver las grescas que se organizan en los plenos y le preocupa, especialmente, la degradación de la Albufera y los fuegos que cada dos por tres destrozan unos cientos de pinos en el Saler, esto no ocurría antes, tampoco antes, para hablar de los problemas del campo, se usaban palabras tan raras como desertización y ecología, que ya son ganas de complicar las cosas.

¡Pues anda que lo que dicen los políticos! Como se acercan las elecciones municipales, el periódico dedica muchas páginas a los candidatos, qué sinvergüenzas, piensa Sento, ¿cómo tendrán valor para prometer el oro y el moro, si después todo queda en agua de borrajas?; ya lo dijo el señor Tierno Galván, que aunque socialista, era decente, la propaganda electoral siempre es mentira, pero la gente no escarmienta, la gente es tonta, ¿será posible que el Guerra siga echando discursos y metiéndose con todo el mundo, después de quedar como un cochero con lo de su hermanito, hay que ver la cara que le echó en el Parlamento, cómo pudo decir que no estaba enterado de nada?, pues ahí sigue, tan fresco, con esos ojos que parece que se le van a salir y ese descaro al hablar...

Aunque, bien mirado, a él se le comprende todo, porque en cambio hay otros, ¡repalleta, no es posible!, que yo soy algo burro, pero esto no lo entiende ni Dios. Y Sento lee en voz alta, muy poquito a poco, no puede ser de otra forma, un inaudito párrafo extrapolado (habrá que decirlo así, para ponerse a tono) de las declaraciones de cierto jerifalte: «La globalización de los principios y la preocupación por la permanente calidad de la oferta política imbuyen propiedad espiritual y adecuación ética, sin caer, por ello, en tentaciones demagógicas ni puntillosos exclusivismos y manteniendo, no obstante, la proteicidad del discurso.»

Primero se indigna, luego le entra una risa blanda, *Mare de Déu, Mare de Déu,* si es que hemos perdido la chaveta, y pensar que hay tontainas capaces de votar a quienes hablan así, a lo mejor, por eso, porque no se enteran de nada y creen que los jeroglíficos son prueba de sabiduría, ya lo decía mi pobre padre, el problema de España es la falta de cultura, y ahora todavía peor, con la droga y todo lo que arrastra...

El timbre del teléfono suspende sus profundas meditaciones.

—Sí, Vicente Roig al aparato. ¿Cómo dice? ¡Ah, señor Pérez de la Haza, tanto gusto! A pesar de que siempre que me llama es para darme un disgusto, ¿eh?

(El señor Pérez de la Haza es su asesor fiscal.)

—Gajes del oficio, don Vicente. Pues algo hay de eso, sí; se trata de recordarle que el día veinte termina el plazo de presentación de la declaración trimestral del IVA...

—¿Ya toca otra vez?

(Inesperadamente y por una de esas bromas de la Telefónica, se cruza una dulzona voz femenina.)

—¡Sí, cariño, claro que sí! ¿A que lo estabas deseando?

—¡Don Carlos! ¡Don Carlos! —grita Sento—. ¿Me oye?

—¡Sí, sí! Dígame.

—Disculpe, es que hay una interferencia. Me decía que hay que pagar el IVA...

—Antes del veinte. Después, hasta el cinco del mes próximo, el trimestre a cuenta del IRTP.

(De nuevo la tierna voz:)

—¡Qué ilusión más grande! ¡Con las ganas que tengo...!

—¡Cállese, imbécil!... —brama el mesonero.

—¿Cómo dice? —es de nuevo el asesor fiscal.

—¡Perdón, perdón! No era a usted; le repito que hay un cruce.

—Bueno, eso pasa con frecuencia. Le tengo preparadas las liquidaciones. Vamos a ver: la del IVA, hechas las deducciones, se queda en 147 580 pesetas. El IRTP asciende a 203 115...

(Otra vez la vocecita mimosa:)

—¡Qué alegría me das!

—¡Y una leche!... No, no, excúseme, me dirigía a la del cruce... Sí, le tendré preparados los cheques, ¡qué remedio!

—A nombre del Tesoro Público, como siempre...

—¿Cuándo mandará a recogerlos?

(Insiste la cariñosa:)

—A las nueve, amor; pero no te retrases. ¡Lo ansío tanto...!

—¡Don Carlos! —ahora ha sabido contenerse—. ¡Que cuándo mandará por los cheques!

—¿Le va bien el jueves, a eso de media tarde?

—Vale.

—Le acompañaré también mi factura de honorarios...

(Y la interferencia:)

—¡Qué ilusión!...

—¡Oiga, don Carlos! ¡Repalleta con el cruce! Sí, de acuerdo...

—Estupendo. Muchas gracias, don Vicente.

—A usted. Buenos días.

(La del cruce, rematando:)

—¡Un beso muy largo!...

Sento cuelga con tal violencia el teléfono, que el aparato tintinea estrepitosamente. Hace también unos comentarios más que justificados, aunque tan soeces, que mejor será no reproducirlos. Se coloca la chaquetilla blanca, se ajusta la corbata y va hacia el comedor, a donde acaba de llegar don Romualdo Cañizares Pardezuela.

—Mucho ha madrugado hoy.

—Tengo una cita importante a las tres. Cuestión de negocios; o sea que tomaré un platito de cualquier cosa... Sí, bacalao al pil pil, muy bien... Como siempre, mi botellita de tinto...

—Es usted el único cliente que jamás prueba el agua...

—El agua ataca la madera y oxida el hierro. ¡Imagínese lo que hará con nuestros intestinos!

—No había caído en eso...

—Que he sido combatiente en dos guerras, amigo... ¿Usted bebe leche?

—Me desayuno con ella todas las mañanas.

—Claro; por eso está tan grueso, y discúlpeme si se lo digo.

—Pero ¿es que la leche engorda?

—¡Hombre! No hay más que ver cómo están las vacas...

Sento esboza un amago de sonrisa.

—Le encuentro menos jovial que de costumbre. ¿Le ocurre algo?

—Que no todo el monte es orégano.

—¿Usted cree que no?

—Eso es lo que dicen...

—¿Y por qué va a estar todo el monte lleno de orégano, en vez de que haya pinos y abetos y ortigas?

—Sí; bien mirado, yo nunca he visto un monte repleto de orégano.

—Hágame caso: eso son cosas de la propaganda de ICONA. Pues hay que levantar el ánimo, querido Sento. ¿No estará enfermo?

—No, no; gracias a Dios, de salud, muy bien. Y la salud es lo primero.

—Por cierto, ¿qué será lo segundo?

—No lo sé; como nunca nos lo explican...

Don Romualdo hace un gesto a Sento, indicándole que se aproxime; se inclina el mesonero y su cliente, bajando la voz, dice:

—Es usted tan caballero, que ni siquiera alude a mis cuentas pendientes. No olvido que esta vez tengo más que nunca: cinco, si no me falla la memoria.

—Seis.

—Pues más a su favor. Discúlpeme. Estoy pasando una racha fatal, desde que me aumentaron la pensión.

—No lo entiendo.

—Antes cobraba ochenta y nueve mil setecientas pesetas; nos subieron el seis por ciento, pero como los impuestos crecieron el diez, resulta que me he quedado en ochenta y seis mil y pico...

—¡Qué barbaridad! En fin, ya sabe que por mí no debe preocuparse; tampoco haga caso de los precios de la carta, que he tenido que subirlos. ¡Qué remedio! La Seguridad Social, el IVA, el IRTP. Como ya estamos integrados en Europa...

—Por qué no elegirían otro continente más barato, ¿verdad?

—Efectivamente. —Tiene un arranque—: ¿Sabe lo que le digo? Que hoy le invita la casa. O sea que de pil pil, nada; yo le haré el menú.

—Es usted un santo... Le advierto que confío mucho en esa cita que le dije; si Dios quiere, puede resolver todos mis problemas. —Baja aún más la voz—. Se trata de mi invento más reciente... Creo que voy a colocarlo...

—Ojalá. Ahora perdóneme; está llegando gente...

—Faltaría más. Y que Dios se lo pague...

Sí, está llegando gente. Una pareja madura, de aspecto burgués, bien trajeado él, bastante exagerada ella, que miran y remiran el local y cuchichean, y cuando Sento se les acerca, pregunta el caballero ¿tengo el gusto de hablar con el propietario?; para servirle, Gumersindo Rebollo, aquí Montserrat Muntané i Capafons, mi señora, ¿les gusta aquella mesa?, no, no venimos a almorzar, se trata de comprometer un banquete, díganos, ¿qué capacidad tiene su restorán?, verán ustedes, adosando las mesas y colocándolas en forma de U, caben perfectamente cuarenta personas, entonces, comenta doña Montserrat, colijo que el aforo resultará idóneo, repalleta, qué señora más repipi, piensa el Sento, y les indica, vamos al mostrador, si les parece y allí hablaremos mejor.

Ésta es mi tarjeta, don Gumersindo se la entrega a Sento y éste la guarda sin apenas mirarla, se trata de un festejo familiar, toma la palabra doña Montserrat, sucede que nos disponemos a conmemorar una efemérides conyugal harto gratificante, nuestras nupcias argentíferas, las bodas de plata, aclara su marido, sigue la redicha, y entre los diversos fastos que darán ornato al gustoso suceso, resulta obvio precisar que incluiremos, *Deo volente,* un ágape donde se congregue nuestra ya, por ventura, extensa progenie, será semejante festín la única frivolidad en el nostálgico programa, abundante por el contrario en solemnes cultos religiosos, óbolos y diezmos para los menesterosos y recoletas intimidades domésticas.

—Ya, ya... ¿Y cuántos vendrán a ser?

—Treinta y nueve seguros y cuarenta probables.

—Acaece que estamos a resultas de que pueda

efectuar su desplazamiento nuestro muy amado sobrino Jeremías, misionero en tierra de infieles... —explica la cursi.

A Sento se le alegran los ojos, buen negocio puede ser éste y viene de perlas, porque lleva una racha floja, perdonen, no les había preguntado si desean tomar algo, una ginebra con tónica, para mí similar brebaje, siempre que la ginebra sea foránea, *verbigratia,* la Tanqueray, aquí tienen unas aceitunas y unas almendritas, gracias, ya supondrá que ese día necesitaremos disponer del local en exclusiva, me refiero, sin más clientes que nosotros, por supuesto, aunque eso lleva un suplemento, me imagino, comprende don Gumersindo, y su esposa todavía es más explícita, el desembolso no nos desazona, ya que ancestrales hábitos aconsejan la largueza en tamaños trances jubilosos.

—A usted, como experto, ¿qué menú le parece más propio? —consulta el caballero.

—Pues miren, yo serviría primero unos aperitivos típicos, quiero decir almejas, mejillones, *sepionets*...

—Perdón —corta doña Montserrat—, desconozco semejante manjar, imagino que piscícola. ¿Es molusco cefalópodo o crustáceo malacostráceo?...

—Lo mejor será que lo pruebe...

Llama a Sagrario, a ver, un plato de *sepionets* y trae también otro de dátiles, aquí, en Madrid, los llaman navajas y un poco de cecina, ¿conoce la cecina, señora?, en efecto, trátase de carne de ganado vacuno, enjuta y seca, justamente, me la traen ex-profeso de Murcia, después de estos entremeses, ya que serán ustedes tantos, les sugeriría una paella, pero paella-paella, y también, un arroz de mariscos, con el acompañamiento de ensaladas y quizá unos caracoles para picar y como postre, toma de nuevo la palabra doña Montserrat, excusado resulta que la tarta de aniversario, en la que campee en caracteres góticos, dibujados con chantilly, la leyenda «Bodas de plata Montserrat-Gumersindo».

Juan Luis pide permiso para interrumpir, señor Sento, le llaman por teléfono, ustedes disculpen, llega Sagrario con los *sepionets* y los dátiles y la cecina, señorita, ¿podría ser una cerveza?, faltaría más, que sean dos, en seguida, oiga ¿y unas gambitas a la plancha?, con todo gusto, engullen con entusiasmo, a una desusada velocidad, sólo interrumpen la masticación para efectuar elogios de los manjares, otra cerveza si es posible, vuelve Sento, ¿qué tal?, riquísimo, verdaderamente delicioso, responden entusiasmados.

—Habíamos quedado en el postre; después, supongo que café y licores.

—Aunque dentro de la natural mesura —advierte la dama—. Y así, por encima, ¿a cuánto puede ascender el monto per cápita?

—Los vinos, ¿de marca?

—Añejos y con blasones. Indicativamente, le sugiero una reserva de Toro del ochenta.

—Entonces, calculando diez botellas... Veamos... Unas cuatro mil quinientas por persona.

—Bien, muy bien —celebra don Gumersindo, hablando con la boca llena—. Teníamos presupuestado hasta cinco mil...

—Por eso no se preocupe... Damos un empujoncito y nos metemos en las cinco. —Le viene a la mente una idea feliz—. ¿Qué tal un fin de fiesta?

—No estaría mal.

—Aguarden un momento.

El Resti está en la cocina, haciendo como que ayuda.

—Oiga —le dice Sento, que llega eufórico—. Necesito su colaboración. Estoy apalabrando un banquete que puede resultar muy rentable. ¿Podría hacer a los postres una exhibición de cacareos, mugidos y todo eso?...

—Sus deseos son órdenes para mí.

—Gracias... Acompáñeme... —ya en el pasillo, le indica—: Por cierto, verá qué señora más redicha. A ver si la achanta, usted que tampoco es manco...

El matrimonio en vísperas de nupcias argentíferas ha liquidado ya las muestras de entremeses y va por la tercera caña de cerveza. Permítame que les presente, dice Sento, don Restituto Macías Va, artista eminente, que puede amenizar su banquete con originales imitaciones, imagino, precisa doña Montserrat, que se tratará de un solaz honesto y pudoroso, descuide, señora mía, recatado y apto para célibes, ella no se da por vencida, ¿incluso impúberes?, pregunta, y núbiles, remacha el imitador. Si así es, accedo al complemento lúdico y excuse mis reticencias, mas la creciente degeneración de costumbres resulta pavorosa, yo diría mejor hórrida, dilecta dama...

Sento, que ya no puede más, se lleva del brazo a don Gumersindo.

—Entonces, ¿de acuerdo?

—De acuerdo en las cinco mil.

—Más el diez por ciento para el personal...

—¡Hombre, eso no!

—Es inevitable. A cambio, si no quiere factura, le dispensaré del IVA.

—Bien, trato hecho. El jueves de la próxima semana, a las dos y media.

—Desde ahora mismo les reservo el restorán.

Don Gumersindo se le aproxima y, confianzudo, dice:

—Mire, antes no quise preguntar nada, porque mi mujer, ya se habrá dado cuenta, es muy quisquillosa. Pero ¿a qué se refería cuando nos habló de paella-paella? ¿Es que hay de otra clase?

—Quería significar que aquí servimos la paella valenciana auténtica... ¿Que no sabe en qué consiste? Ahora mismo la probarán... Siéntense allí, por favor...

Sento da las órdenes precisas y deja al matrimonio con Resti, comprendan, tengo que atender a los demás clientes, el matrimonio manifiesta sin rebozo su entusiasmo ante el arroz, lo acompañan con un vino joven, aunque excelente, dice doña Montserrat que su acidez aconseja moderar su consumo, por mor de posibles trastornos gástricos, terminan en un pispas, quieren despedirse de tan amable mesonero, ha sido un placer, a la calidad de sus yantares se ha unido la insólita dicha de trabar culta conversación con este gentil caballero, su magnanimidad me arrebola, agradece el Resti, damas de tamaña alcurnia restan ya pocas en este mundo plebeyo que nos circunda, es usted donoso y urbano en grado sumo, a sus pies, encantada.

—El miércoles le llamaré, para concretar el número definitivo de comensales... —indica don Gumersindo a Sento.

—Perfecto. Váyanse tranquilos, que sus bodas de plata serán bien celebradas...

—Estoy convicta de ello —remacha la dama de alcurnia.

Cuando salen, Sento no puede disimular su alborozo, a esta comida, amigo Resti, voy a sacarle un beneficio de quince mil duritos, vamos a ver qué es este individuo, saca la tarjeta de visita, lee, Gumersindo Rebollo Ruybarbo, entomólogo diplomado, no trae señas, no le extrañe, ahora resulta normal, muchos prefieren omitir la dirección, por la cosa de los robos, bien, pues después nos tomaremos una copita, para celebrar el negocio, no sabe cuánto me alegro.

Camino de la estación del metro, Gumersindo eructa discretamente, pide perdón, es que te has hinchado, querido, pues anda que tú...

—La verdad, hoy nos ha salido fenomenal... —celebra él.

—Ya te dije que inventando un rollo familiar resultaría más eficaz.

—Tú has estado sembrada...

—¡Rediez! Pero estoy hasta el moño de tener que decir tantas gilipolleces para que la comida nos salga de gañote...

Se agarran del brazo y bajan las escaleras del metro dando saltitos; es lo mejor, opina doña Montserrat, para hacer bien la digestión...

* * *

Pudo ocurrir de nuevo una catástrofe; pudo terminar, esta vez sin remedio, la vieja amistad entre Sento y don Niceto. Todo, por culpa de los frenesíes sexuales del tabernero, es superior a mis fuerzas, se dice a sí mismo, para justificar su fiebre erótica, seguramente se tratará del canto del cisne, los últimos estertores de la pasión carnal, incluso intenta dominarse y hasta después se arrepiente y le pide perdón a la Virgen de los Desamparados, compréndelo, *Mare de Déu,* me suben los hervores sin que pueda reprimirlos, debo tener a Luzbel dentro de mí, aunque disfrazado de señora estupenda, porque me han vuelto las obsesiones, como a los quince años, bueno, quizá exagero un poco, lo cierto es que se me sublevan los apetitos en cuanto veo a una moza, tampoco es todo culpa mía, que van vestidas para provocar, con esas toreritas que les dejan el ombligo al aire y con las minifaldas, ¡qué digo minifaldas, eso son en realidad maxibragas!, razón tenía aquel juez que absolvió al patrono que le metió mano a una empleada, aduciendo que ella le había incitado con sus muslos al aire, lo mismo me ocurre a mí, me excitan, me espolean, me desafían, y uno, caramba, no es de piedra...

Por elemental dignidad, no quiere saber nada de Sacramento, menuda pécora, ponerme los cuernos con el granuja del Resti, tentado estuve de contárselo todo a Fina, pobre Fina, menudo porvenir la espera, habrá que hacer algo para desengañarla, tengo que hablar de eso con don Niceto, en fin, la Sagrario también es una hembra de tronío, con menos carnes que la otra, pero mimosa y dulce, gallega a fin de cuentas, anda, *filliña,* vete preparando, que me doy una ducha tibia y en seguida estoy contigo, sí, la luz amarilla me parece muy apropiada, no tardo ni diez minutos...

Ha colocado el «No disturb. No molesten» en la puerta, Fina ya sabe de qué va, este amo no cambiará nunca, desde mocito fue un golfo redomado, aún me acuerdo el escándalo que se organizó en el pueblo cuando Tonico, el carnicero, le encontró revolcándose en la huerta con su mujer, tendría todo lo más dieciocho años, en fin, es una pena, porque a bueno y caritativo no hay quién le gane y a mí me hacía tilín, pero conmigo nunca se insinuó, claro, sabía que yo no era de ésas, había que pasar antes por la vicaría, lo que la vida nos hace cambiar, he ido a caer con otro frescales, aunque a mi edad no estaba para perder el último tren, y, en medio de todo, me trata con afecto y tiene muchos detalles, ya me está llamando, voy, voy, descuida, que llevo la botella de Calvados...

Son casi las doce de la noche; el restorán está a media luz y Resti se sirve la copa de licor, bajo la mirada complacida de Fina.

—Está riquísimo; casi tan rico como tú.

—¡Tonto!

—A propósito de riquezas: ¿qué hay de la liquidación?

—Aquí la traigo —le da un papel—. Este mes ha sido regular...

—Veamos. Salario base..., tronco de propinas..., participación en beneficios... Total, 196 362 pesetas. Si te parece, invertiremos 125 000 pesetas en bonos del Tesoro; ahora es lo más seguro.

—¿Y qué queda para mí?

—Pues... —hace cuentas mentalmente—, 196 362, menos 125, menos 20 correspondientes a mi corretaje, quedan a tu disposición 51 000 pesetas.

—¿Nada más?

—Perdón; exactamente, 51 362.

—¡Ah, eso es otra cosa!...

—Oye, ¿no has oído como si alguien golpease en la puerta?

—Sí; y ahora insiste. Voy a ver...

—Espera, a estas horas no hay que fiarse. Iré yo.

Resti, cauteloso, descorre los visillos para mirar a la calle con cuidado.

—¡Arrea! Es el cura...

—¿Don Niceto?... ¡Menudo lío!... A ver cómo le entretienes, mientras aviso al amo...

Fina se detiene, dubitativa, frente a la puerta del cuarto de Sento; del interior llegan jadeos entrecortados, algún suspiro, resoplar de respiraciones agitadas, no acaba de decidirse, por fin golpea con los nudillos, pero no se enteran, insiste con más fuerza, ¿qué pasa, repalleta?, perdone, señor Sento, es que está ahí don Niceto, ¿don Niceto?, ¡che, también es oportuno!, ¿qué hago?, mandarle a la porra, no, espera, distráele mientras yo me arreglo. ¡Vaya ocurrencia la del cura, con lo bien que lo estábamos pasando!, no sé qué quiere que le diga, señor amo, eso va en apreciaciones, es Sagrario quien ha hablado, pero Fina no lo oye, ha regresado ya al comedor, don Niceto acaba de entrar, qué sorpresa tan grata, le dice Resti, ¿a qué se debe su visita?

—Un imprevisto; tuve que salir para llevar los últimos auxilios a un feligrés que vive aquí cerca. Me vino a buscar su hijo en coche, pero dadas las circunstancias, no me ha parecido bien que se separase ahora del pobre señor y resulta, vergüenza me da decirlo, que no llevo un céntimo encima...

—Pues nada, eso se arregla en seguida... ¿Le bastará con mil pesetas?

—¿Qué dices, mujer? Y con quinientas...

—No crea, a los precios que están los taxis... Inmediatamente se las doy...

—Sin prisas, Fina, que una vez aquí me tomaré un chinchón. Por cierto, ¿dónde está Sento?...

Resti inventa el pretexto:

—Duchándose.

—Entonces tardará poco —se justifica—: En otros tiempos me hubiese ido a casa dando un paseo, no tardo más de veinte minutos; pero tal como están las calles... Y además, vestido con sotana...

—¿Por qué no se pone de chaqueta, como van

ahora todos los curas? —pregunta Fina, mientras busca la botella.

Resti contesta por el interesado:

—Don Niceto es fiel a la ortodoxia, respetuoso con la tradición y crítico con el Concilio Vaticano. ¿Acierto?

—Algo de eso hay. Además, la costumbre... Y que yo, bien lo sabéis, soy reacio a las modernidades.

—Hace usted muy bien —aplaude Fina, procurando disimular sus nervios—. Mire, a mí me gustaba mucho más cuando decían la misa en latín y de culo... ¡Ay, perdón! En fin, ya sabe lo que quiero decir.

—Perfectamente; pienso lo mismo que tú.

—A propósito, no me he aprendido todavía el padrenuestro nuevo. ¿Es eso pecado?

—En absoluto, mujer. —Bebe un sorbito—. Yo tampoco me lo sé.

—Me quita un peso de encima.

Hay una pausa; don Niceto se extraña:

—Está tardando mucho Sento...

—Es que Resti se ha equivocado... El amo no se ducha; prefiere darse un buen baño...

—Pues debe jugar a los barquitos en la bañera.

Vuelven a quedar en silencio; Resti, buscando ganar tiempo, pregunta al sacerdote:

—Aprovechando su presencia, ¿puedo hacerle una consulta?

Se trata del tema islámico, dice el imitador de aves, ya se habrá enterado de lo mal que está el asunto de las empleadas de hogar familiar, Fina aclara, se refiere a las criadas, eso es, verá, una familia amiga ha contratado una cocinera marroquí, del Mogreb, donde Hassán II, lo sé, lo sé, ahora es muy normal; pero es que resulta que la cocinera en cuestión profesa la religión musulmana, muy natural, siendo de allí, ¿por qué le extraña?, el problema consiste en que, a determinadas horas, se pone de rodillas cara a La Meca y reza sus oraciones...

—Lo cual, seguramente, usted no hace...

—¿Mirar a La Meca?

—¡No, hombre! Rezar.

—Yo sí —tercia Fina—. Todas las noches, tres avemarías y una salve...

—¿No le habrá pasado algo a Sento? —se inquieta don Niceto.

No, no se preocupe, él es muy detallista en esto del aseo personal, bien, volviendo al asunto de la criada mogrebí, también resulta que cuando llega el Ramadán, no come nada en todo el día, otro ejemplo a imitar, dice el cura, seguro que usted no guarda la abstinencia, el Resti se pica, pero bueno, ¿aquí se trata de la musulmana o de servidor?, no se enfade, hasta ahora no veo nada peligroso en lo que me está contando, es que Elena, la mujer de mi amigo, es muy católica, imagínese, nació en Soria, ¿conoce Soria?, ¡qué maravilla de arte románico!, no divague, ¿qué le ocurre a doña Elena?, que piensa que debe de ser pecado dar cobijo bajo techo cristiano a una infiel, ¡menuda tontería!, ¿seguro que a Sento no le habrá dado algo?...

—Hay más todavía... —Resti ya no sabe cómo entretener al clérigo—. Teme también mi amiga que la sarracena pretenda atraer a su religión a los niños, tiene dos, muy ricos, muy listos, de siete y nueve años respectivamente, el mayor acaba de pasar la escarlatina...

—No me interesa la salud física de las criaturas. En cuanto a la otra, la moral, de la educación y el ejemplo que reciban de sus padres, dependerá su formación cristiana. —Mira el reloj, se levanta—. Voy a acercarme al cuarto de aseo; Sento es capaz de haberse dormido en la bañera...

—¡Espere! Resti, ¿por qué no das el toque de llamada, que tan bien te sale?

El imitador de aves etcétera hincha los pulmones y emite las agudas notas castrenses con tanta limpieza como podría hacerlo el mejor de los cornetines de órdenes. Tal que fuese un militar disciplinado, aparece Sento por la puerta del fondo, acabando de colocarse la chaqueta, forzadamente campechano, premeditadamente afable, más simpático que nunca.

—¡Che, don Niceto! A la paz de Dios... Celebro tantísimo su inesperada y, no hay que decirlo, gratísima visita...

—Nadie lo diría, por lo que has tardado...

—Perdóneme —se embarulla Sento—. Es que, sabe, yo...

—El patrón es muy celoso de sus abluciones... —Resti le echa un capote.

—Muy higiénico... —refuerza Fina.

—Naturalmente, que en este oficio hay que lavarse mucho —ha cogido la onda con rapidez.

—Pues te has dejado una mancha colorada en la mejilla... —hace notar don Niceto.

Sento lleva su mano a la cara, donde el carmín de Sagrario marca su huella acusadora.

—¿En la mejilla? ¡Sí, claro! Es mercromina; me corté al trinchar el pollo.

—¡Nos ha dado un susto!... —casi gimotea Fina.

—Sucede que nuestro patrón, poco habituado a las modernas tecnologías, ha adquirido un cuchillo eléctrico: usted debe conocerlos, son muy rápidos y eficaces, pero entrañan cierto peligro, cuando se manejan a la ligera... Ya se lo advertí: pero no quiso hacerme caso.

—Es verdad; me lo avisó Resti... Vamos, que soy un manazas...

Llegan extraños ruidos desde el interior; como si fuesen golpes, quizá explosiones sordas...

—¿Qué ruidos son ésos? —se extraña el cura.

—¿Ruidos? Yo no he oído nada.

—A lo mejor son ratones... —justifica Fina.

Sento se ofende, pese a lo difícil de la situación y protesta:

—¡En mi casa no hay ratones!

—Pues ahí dentro ha sonado algo...

—Voy a ver...

Se marcha cerrando con cuidado la puerta del pasillo, antes de abrir la de su cuarto, donde Sagrario, ya vestida, está viendo por la televisión una película de catástrofes, pródiga en roturas, hundimientos, crepitar de llamas y otros escándalos.

—¡Imprudente! ¿No te das cuenta de que fuera se oye todo? ¿De que se va a enterar don Niceto? —Apaga con rabia el televisor.

—¡Y luego! ¿Es que el señor cura piensa hacer noche en esta casa?

—Supongo que no tardará en irse.

—Pues como la visita se prolongue, pierdo el último metro.

—No te preocupes; llamaremos un taxi.

—¿Y mi reputación familiar? Porque yo nunca llego tan tarde a casa.

—Ya buscaremos una excusa... Ahora quédate calladita, que falta menos...

Cuando vuelve al comedor, don Niceto ya está de pie, dispuesto a marcharse.

—Nada, una ventana de la cocina que se había quedado abierta y como se ha levantado algo de viento...

—Talmente parecía el terremoto de San Francisco —bromea don Niceto—. Te debo mil pesetas, Fina...

—A mí, no; a la caja...

—Entonces, estamos en paz —dice Sento—. Dedíquelas a sufragios.

—Gracias. Aunque me parece que hay algunos vivos que necesitan más oraciones que los muertos... Buenas noches a todos.

—Le acompaño hasta que encuentre un taxi...

—No te preocupes; a estas horas hay muchos libres...

Disimuladamente oculto tras los visillos, Sento se cerciora de que, en efecto, a los pocos minutos, don Niceto sube en un taxi.

—¡Menudo susto! Anda, Fina, sírveme un coñac...

—Jarabe de palo debía darle...

Mientras ella va hacia el mostrador, Resti se interesa, procurando hablar muy bajo:

—¿Todo bien?

—No me lo recuerde. Un desastre...

Se bebe de un trago la copa que acaba de ofrecerle Fina.

7. LAS DOS CARAS DEL RESTI

Diez días llevaba don Romualdo sin aparecer por «El Orgullo de la Huerta». Ausencia tan poco frecuente había preocupado a Sento y no sólo —¡no, no, por Dios, a qué santo!— porque seguía teniendo impagadas seis cuentecitas, sino porque semejante silencio, a la edad y en las solitarias circunstancias del veterano de dos guerras, hacía temer, cuando menos, algún achaque de salud. Lo grave era que, por absurdo que parezca, nadie sabía en la tasca (perdón: restorán de dos tenedores) dónde encontrarle. Después de tantos meses de cordial relación, se ignoraban sus señas, su teléfono, cualquier referencia que permitiese localizarle. Un grave fallo, un descuido imperdonable, reconoció Sacramento, que tanto apreciaba al simpático vejete.

Por eso todos se alegraron cuando, un mediodía, temprano, como en él era normal, siempre llegaba de los primeros, apareció por la puerta del establecimiento, más sonriente que nunca. Y sorprendentemente transformado: sobre el traje de alpaca de Pucci, llevaba un elegante abrigo de entretiempo, cubría las manos con guantes de cabritilla, calzaba botines relucientes y la corbata, Yves Saint-Laurent, por supuesto de seda natural, respondía a la ultísima moda, floreada con pámpanos y volutas de alegres colores. Saludó con su habitual simpatía:

—¡Buenos días, jovencitas!...

Sacramento y Sagrario se le acercaron muy sonrientes, felices por el reencuentro y le ayudaron a quitarse el liviano sobretodo, y don Romualdo, con gran naturalidad, sacó del bolsillo de la chaqueta dos billetes de mil y entregó uno a cada camarera, ahí va eso, muchachas, estáis más guapas que nunca y ellas, sorprendidas, se resistían a aceptarlos, esto es una barbaridad, de ninguna manera, ¡faltaría más!, dijo él, exigiendo con un gesto que se quedaran el dinero, ya era hora de que fuese espléndido con las propinas, tanto tiempo dejando nada más que cinco duros, con lo cariñosas que siempre habéis sido conmigo, ¡hale, hale, tomad estos billetitos y que os aprovechen!, en fin, muchísimas gracias. ¿Está el jefe?, ahora mismo le aviso, dijo Sagrario y él pidió a su compañera un whisky, sí, un whisky, etiqueta negra, no pongas esa cara, que a mi edad resulta que me he aficionado al whisky...

—Para comer, supongo que querrá paella.

—Justo: de langosta. Y un Marqués de Cáceres, por supuesto reserva, para acompañarla...

Todavía le duraba a Sacramento la cara de asombro, cuando llegó Sento: ¡un abrazo, mi querido amigo!, pidió don Romualdo, y se lo dieron, palmeándose muy fuerte en las espaldas, que ya es sabido que en el país suele medirse en tales casos el grado de afecto por la contundencia de los golpes que se propinan las dos partes abrazadas. Don Romualdo señaló feliz su porte, míreme, ¿qué le parezco?, pues que está usted hecho un dandi, incluso diría que le encuentro más joven, por supuesto que sí, digan lo que quieran quienes no la alcanzan, la riqueza vale mucho en esta vida...

—De modo que por fin colocó un invento...

—Sí, señor; por fin. Un invento que llevé siempre con el mayor sigilo, pues era consciente de su valor y que a usted puedo revelárselo, porque con usted tendré siempre una deuda de gratitud, un deber de amistad, que se ha portado conmigo como un caballero, que me ha alimentado física y moralmente cuando estaba en la miseria, que ha tenido atenciones imposibles de olvidar...

Estaba de verdad emocionado.

—Bueno, bueno... Tampoco hay que darle tanta importancia. Pero cuente, cuente...

Se sienta a su lado.

—Rogando su discreción, pues ya le digo que el asunto no puede tomar estado público: se trata de un aparato muy sofisticado, como suele decirse usando incorrectamente la palabra, pero para que me entienda. Un artilugio ciertamente ingenioso, y dispénseme la inmodestia, que permite detectar las falsedades que vierten los políticos en mítines, ruedas de prensa, entrevistas en la tele, etcétera, y que las denuncia por medio de una vocecilla metálica, la cual grita, inmediatamente las pronuncian: «¡Mentira podrida, mentira podrida!»

—¡Hombre, eso está bien!

—Puede suponer que se desató una auténtica puja entre los principales partidos del país para conseguir la exclusiva de la patente. Todos querían quedársela, naturalmente, con objeto de que la invención no se utilizara en su contra.

—¿Y quién la obtuvo?

—¿A usted qué le parece?

—Hombre, yo pienso que... —hace un gesto muy explícito señalando la rosa, mustia y desmayada, que languidece en el florero de la mesa.

—Ha acertado. Cerré la cesión absoluta de los derechos, los planos, la maqueta y todo lo demás en quince millones de pesetas en efectivo y al contado. Por supuesto, con la aneja obligación de guardar el más absoluto silencio al respecto. Por eso le repito que de lo que acabo de contarle, ni una palabra a nadie.

—Descuide. Gracias por la confidencia.

—¿Qué menos se merecía, dada su generosidad conmigo? ¡Ah! Para justificar mi súbito cambio de posición, voy diciendo que me ha tocado el cuponazo. Use también esta versión con su personal.

—Lo haré. —Se rasca la calva, antes de preguntar—: Oiga, ¿y cómo va a apañárselas con el Fisco?

—¡Ni un duro! Esto es dinero negro. He guardado los billetes en un sofá que tengo en casa, con una trampilla especial, también inventada por mí, más segura que una cámara acorazada.

—Sin embargo, lo encuentro arriesgado. Los ladrones...

—No hay quien dé con el escondrijo. Además, en el peor de los casos, es preferible que se lo lleven los ladrones que sus colegas de Hacienda...

—Completamente de acuerdo. Pues nada: mi más cordial enhorabuena...

—Ni qué decir tiene que debe pasarme en seguida las facturas pendientes. Sí, sí; en seguida, porque me voy de viaje. Viaje de placer, naturalmente. Quiero aprovechar a fondo los años que me quedan de vida, que no son muchos... Así que visitaré varios países europeos; ya lo tengo todo ajustado con una agencia. Por cierto que me he llevado la sorpresa de que me saldrá bastante más barato vivir un mes por esos mundos, que hacerlo en España...

* * *

Cercanas las tres, ya se había marchado el nuevo rico, llegó don Marciano. Insólitamente, venía solo; sin Luisita, sin su primo y secretario, incluso sin guardaespaldas. Tomó del brazo a Sento y, en tono muy confidencial, le comunicó:

—He de hablar contigo. Verás que no traigo escolta; mi visita es privada, superprivada, ya me entiendes...

—Pues no, señor —reconoció el mesonero.

—Tengo una cita galante... vamos, que voy a echar una canita al aire... Con una hembra fascinante, fuera de todo contexto normal. De modo que se trata de un almuerzo rigurosamente privado, secretísimo.

—En este oficio, señor subsecretario, somos mudos, sordos y ciegos.

—De eso se trata. Beatriz, porque así se llama, como la amada del Dante, quería ir a otro sitio más distinguido, pero a mí me conocen en todas partes, no puedo exhibirme en restoranes de los que son habituales muchos políticos y financieros y periodistas... ¡Como están últimamente los medios informativos, imagínate el escándalo! Así que no lo dudé: en tu casa, que es discreta y contando con tu total reserva...

—Soy una tumba, don Marciano...

Don Marciano puso los ojos en blanco; hasta la barba se le encrespó de gozo, mientras glosaba:

—¡Qué mujer, Sento, qué mujer! Además, aunque me esté feo decirlo, ha sido ella la seducida. Que le he gustado, ¡vaya!... —Miró su reloj—. Por cierto, se está retrasando... Anda, mándame un whisky mientras la espero.

Fue a sentarse en la mesa del rincón, la más discreta, le había dicho Sento y dejó sobre una silla su abrigo azul con cuello de terciopelo negro, un abrigo de ministro del anterior régimen, y estaba Sacramento sirviéndole la bebida, cuando entró, suntuosa, coqueta, deslumbrante, la señora imponente, aquella falsa Isabel Merchante que le dio el timo al mesonero, quien, metido a hacer cuentas, no advirtió su llegada; Sagrario se apresuró a darle la noticia.

—*¡Carallo!* ¡Amo, fíjese quien llega!...

Miró hacia la puerta y la indignación tiñó de colorado sus mejillas.

—¡Pero bueno...! ¡Tendrá caradura la individua!...

Salió del mostrador y anduvo hacia ella, hecho un basilisco. Aunque anduvo poco, dos pasos a lo sumo, ya que en el mientras tanto, don Marciano se había levantado, muy sonriente y besaba la mano de la desvergonzada y la ayudaba a sentarse, deshecho en mieles y le hacía un gesto a él para que se aproximara, y él, claro, qué remedio, así lo hacía y el subsecretario, ufano, glorioso, se la presentaba, la señorita Beatriz Alcázar, verás que no te había exagerado cuando te hablé de ella, no, en efecto, es toda una belleza, me recuerda a una conocida mía, también guapísima, claro, a la que llaman Isabel, respondía Sento, con muy mala uva. Casualidades, comentaba la imponente; no le gusta demasiado el arroz, de modo que a ver qué nos ofreces, don Marciano la mira con ojos tiernos, de nuevo Sento tira con bala, quizá le apetezca un par de huevos fritos, siempre que sean fresquísimos y ella, con cara de guasa, una excelente idea, ¿cómo ha adivinado mis gustos?, a él se le llevan todos los demonios, para beber seguro que preferirá Dom Pérignon del 78, ¡justo!, pero este amigo tuyo lee mis pensamientos, y la pérfida contraataca, ¿a que tiene jamón, pero de auténtica pata negra, como el que sirven en la bodeguilla de La Moncloa? Sento está a punto de reventar, por supuesto, señorita, hace una reverencia y se marcha, va soltando *in mente* todo su extenso repertorio de palabrotas, así castellanas como vernáculas. Ajeno por completo al sutil trasfondo del diálogo, don Marciano se justifica con Beatriz-Isabel:

—¿Ves cómo el sitio no está mal? Mujer, no es el «31»; pero ya te expliqué que no me conviene que me vea gente conocida. Hay que guardar las formas.

—¿Desde cuándo los socialistas guardáis las formas? —comenta la muy impertinente. Aunque el subsecretario no se enoja: antes al contrario, sonríe embobado, le da un cariñoso cachetito y tan sólo dice—: ¡Picaruela, picaruela! ¡No seas mordaz!...

En la cocina, Sento da rienda suelta a su indignación, ¡qué frescura, qué desvergüenza, qué tupé!, tengo que prevenir a don Marciano de la clase de pelandusca que tiene al lado. Resti se permite aconsejarle, con base en su dilatada pericia:

—¡Ni se le ocurra!

—¡Es que le va a pegar también el timo!

—Sarna con gusto, no pica. Hágame caso: don Marciano anda encaprichado con esa individua, que, aparte de su desvergüenza, está que se rompe. Obviamente, ella ejerce en este momento mucha más influencia sobre él que usted.

—Pero un deber de amistad me obliga a contarle...

—Usted no le cuenta nada. Vamos, a no ser que quiera perder al mejor cliente de la casa. De modo que chitón y como si tal cosa... No hay nadie más cerrado de mollera que un hombre engolosinado, y digo engolosinado por no utilizar otro participio malsonante...

—Bueno, bueno. Aunque como don Marciano nunca mira la cuenta, voy a resarcirme de los diez mil duros que me estafó esa golfa...

En efecto, está engolosinado, seducido, amartelado, entontecido, absolutamente enajenado. Ahora mismo ofrece una lonja de jamón a la imponente, que aproxima insinuante la boca, y la mordisquea y le hace guiños más que mimosos, obscenos, mientras, en el mostrador, Sacramento y Sagrario le dan a la sin hueso.

—El criminal siempre regresa al lugar del crimen...

—Pues yo me alegro, por el mal rato que está pasando el amo. ¿No quería engañarnos con esa furcia? Pues ahí la tienes...

—¡Anda que don Marciano! Con lo serio que parecía.

—Todos son iguales.

—Eso no, rica. Bertín Osborne es más guapo...

Haciendo una vez más de tripas corazón, Sento descorcha el champán y lo sirve ceremonioso, la imponente levanta su copa, chin-chin, don Marciano se derrite de gusto, después beberás con nosotros, le dice a su buen amigo, será un placer, el mesonero ha de morderse los labios al contestar, ahora discúlpame, ruega el subsecretario a la mujer perversa, tengo que hacer una llamada, será sólo un momento, use el teléfono de mi cuarto, que así no necesita monedas, ofrece Sento, además, estas nuevas tan pequeñitas no sirven; e incluso, en su indignación, se permite una ironía acerca de lo mal que hace el gobierno algunas cosas, el subsecretario sonríe condescendiente mientras va hacia el dormitorio y Sento piensa, ahora me va a oír esta desgraciada.

Pero no le da tiempo; no le da tiempo, ya que se abre la puerta de la calle, unas pesadas que llegan demasiado tarde, no voy a atenderlas, se dice para sus adentros, aunque en seguida rectifica, a la vez que no puede evitar un ¡Atiza! que le sale del fondo del alma. Pues las tardías clientas son la señorita Luisita y la mujer de Feliciano, primo y secretario particular del señor subsecretario.

Las recibe con su mejor sonrisa; las sienta en la mesa más alejada y, con un pretexto, marcha en seguida a su cuarto. Llama con los nudillos, recibe la venia y entra, al tiempo que don Marciano está despidiéndose, precisamente de su primo y secretario.

—Ya lo sabes; sólo si el ministro me llama. Para los demás, no estoy. Y si así ocurriera, vente en seguida a recogerme, porque no tengo coche. —Cuelga—. Dime, Sento. ¿Qué ocurre?

—Algo imprevisto y tremendo, don Marciano: acaban de entrar en el comedor la señorita Luisa y la esposa de su secretario.

—¡Canastos! —La sorpresa le deja momentáneamente sin habla. Ya recuperado, se pone en pie y se acaricia, nervioso, las negras barbas, antes de llegar a una conclusión elemental—: ¡Embarazosa situación!

También Sento cavila unos segundos, para sugerir después:

—Puede salir por la puerta de atrás, que da al callejón...

—Sí, será lo más recomendable. Pero ¿qué hago con la señorita Beatriz? Mi postura no puede resultar más difícil: o quedo como un gorrino con esa hermosura o se descubre el pastel y Luisita es capaz de descalabrarme. No, no lo digo a humo de pajas: ¡tiene un genio!...

—Déjeme concentrarme... —Según su costumbre

en semejantes trances, se rasca despaciosamente la calva—. Desde luego, usted se va por la puerta trasera. En cuanto a la... señorita (pronuncia la palabra con cierto retintín), ¡ya está!: el Resti, ya le conoce, el novio de la cocinera, el imitador de aves, se sentará con ella a la mesa, como si fuese su acompañante y le explicará lo sucedido y después, incluso puede acompañarla hasta su casa, que no está en la calle Montesquinza.

—¿Qué tiene que ver la calle Montesquinza? Ella vive en Somosaguas...

—Claro, claro: disculpe. Ha sido un *lapsus*. ¿Qué le parece la idea?

—Me preocupa cómo puede reaccionar Beatriz, que es toda una dama. Aunque, bien pensado, no cabe adoptar otra medida. —Se pone muy serio, al preguntar—: Oye, ese Resti ¿es persona de fiar?

—Bueno, imagino que en un caso así...

—Adviértele que Beatriz es extremadamente sensible; bajo su apariencia majestuosa late un corazón casi infantil. De modo que, por favor, ni una broma de mal gusto, ni una palabra malsonante ni, por asomo, un chiste verde. Piensa que está educada en el Sacre-Coeur, no te digo más...

—Se nota nada más verla —dice Sento, echándole cinismo—. Descuide: tengo la seguridad de que Resti sabrá estar a la altura de las circunstancias...

El señor subsecretario le agarra por los hombros, en un gesto especialmente afectuoso.

—¡No encuentro palabras para agradecer tu colaboración! La verdad, en materia de picardías estoy gafado. ¡Para una vez que me decido a echar una canita al aire...!

—No se preocupe, que la vida es larga. Y a lo mejor, quién sabe si esta coincidencia no habrá resultado providencial...

—¿Qué quieres insinuar? —pregunta don Marciano, algo mosca.

—Nada, nada. Que yo creo en los astros, ¿comprende?, y en que todo está marcado por ahí arriba... Por favor, acompáñeme; por este pasillo, a la derecha; sí, hay que pasar por la cocina...

A todas éstas, Luisita y su amiga-confidente se están tomando unos whiskies y les extraña que no haya ido todavía a saludarlas el dueño, con lo finolis que se pone siempre, estará sembrando arroz en las paellas, a propósito, ¿cómo se llama el arroz ese con garbanzos que tanto te apetece tomar?, no recuerdo, bueno, ya nos lo aclarará.

Luisita repara en la imponente, que se bebe el champán como si de agua mineral se tratara y empieza a poner gesto de fastidio por la tardanza de su galán y enciende cigarrillo tras cigarrillo.

—¿Te has fijado en aquello?

—Ya me había dado cuenta, ya. Va vestida de recepción en el palacio de Sissi.

—Es que estas mujerzuelas no lo pueden disimular, por mucho que se empeñen. Lo más gracioso es que ella debe creer que va *implacablemente* vestida.

—¡Y pensar que les gustan a los hombres!

—Según a cuáles, querida. Estoy segura que a mi Marciano le daría risa.

—Por cierto, ¿qué les ha pasado hoy?

—Cosas del servicio; ha aparecido en el ministerio un déficit grandísimo y no saben como *enjuagarlo.* O sea que tenían para rato y, claro, tal como se circula por Madrid... Que hay que ver las calles, siempre *plagiadas* de automóviles...

Por la puerta de la cocina salen juntos Sento y Resti, éste se dirige hacia la mesa de Beatriz-Isabel, mientras sitúa primorosamente en el centro geométrico del cuello de la camisa el nudo triangular de su corbata azul celeste y abre su más amplia sonrisa y el mesonero ya está junto a las damas, ¡qué sorpresa!, ¿cómo tan solitas?, ya ves, el pobre Marciano está en una reunión importantísima, las cargas de los cargos, vaya que sí, lamenta muy serio Sento, muchas veces pienso que no somos justos con los políticos, siempre sacrificándose por el país, bien puedes decirlo, en fin, se nos ocurrió venir a comer aquel arroz tan rico del otro día, el que lleva garbanzos, ¿al horno, se refiere?, no, tenía un nombre más raro, entonces será *rosechat,* mira, la verdad, no recuerdo, sólo que estaba riquísimo, pero vaya reseco que me dio, remata la mujer de Feliciano.

La imponente Beatriz-Isabel enarca las cejas con extrañeza-disgusto cuando aquel hombre extrañamente vestido, un cursi rematado, piensa, menuda corbata y qué camisa a rayas lleva el tío, se sienta junto a ella, detiene su prevista protesta con un gesto de manos y a media voz le aclara:

—Por favor, no se asombre de nada y escúcheme; vengo de parte de don Marciano. Mire con disimulo hacia la mesa del fondo, al final, donde aquellas dos señoras; pues la de la izquierda está unida sentimentalmente con el señor subsecretario y la otra es la mujer de su primo.

Beatriz-Isabel las mira con desdén.

—Dos birrias... —comenta.

—No se trata de efectuar valoraciones estéticas, sino de aceptar la imprevista e incómoda situación. Don Marciano confía en que lo comprenda; le envía sus más fervientes excusas; mañana le llamará por teléfono a la hora de costumbre. Ha tenido que abandonar el local por la puerta de servicio.

—Humillante para un subsecretario.

—Sin embargo, en sus circunstancias... Se trata de un hombre público, debe cuidar el *look,* ya sabe, la imagen. En fin: no creo preciso insistir sobre el tema. Por lo demás, la comida no se interrumpe; me corresponde el honor y la satisfacción de acompañarla en el condumio, siempre, claro, que no le parezca mal...

—Lo único que me parece, a estas horas, es que tengo apetito.

Así que Sacramento sirve los huevos fritos y Resti comienza a deslumbrar a la imponente con su conversación, es muy listo y menuda experiencia la suya con las mujeres, vaya ojitos más pillines los suyos, sonríe la cortesana, en cambio, los suyos resultan monstruosos, mi dilecta amiga, son más grandes que los pies, ¡qué exagerado!, por cierto, ¿cómo te llamas?, puedo tutearte, ¿no es eso?, faltaría más, ¿te digo una cosa?, que me tutees, Beatriz, me está haciendo muy feliz...

Sento dedica especial atención a la mesa de Luisita, mientras llega el *rosechat,* ése debe de ser el arroz que quieren, les he dispuesto unas anchoas frescas riquísimas, he de reconocer, dice la compañera de don Marciano, que aquí se come bien, lástima que resulte tan difícil venir, que estos barrios del Madrid castizo y chulapón, como se le dice, están imposibles para los automóviles y la mujer de Feliciano tiene una idea:

—A ver si convences a Marciano para que te regale un helicóptero...

—Mujer, regalármelo, no; pero confío en que me deje usar el oficial.

—Muy lógico. Después de todo, ¿qué más da un automóvil que un helicóptero?

—Con permiso —interrumpe Sento—, ¿para beber?

—Una sangría; bien dulcecita, con mucha canela... —Y se interesa—: Aquel que está sentado a la mesa de la esquina con esa individua tan exagerada, ¿no es el señor que hace el animal tan requetebién?

—Sí, el mismo.

—Pero ¿no trabaja aquí?

—En cierto modo... Lo que ocurre es que la señorita es prima suya... Prima carnal... Disculpen, en seguida les mando la sangría...

Se marcha para evitar mayores problemas. Luisita está mirando sin ningún disimulo a Resti y su presunta prima, que se han agarrado las manos y se devoran con los ojos, y, está bien claro, sus expresiones no pueden engañar, coquetean descaradamente.

—¡Qué primos más cariñosos!... —comenta, con malicia.

—No te extrañe; ahora se lleva mucho el incesto.

—¿Y eso qué es?

—Las relaciones sentimentales entre parientes.

—¡Qué barbaridad!

—Eso depende de cómo sean los parientes, ¿no crees?

Pasa ya de las cuatro. Luisita y su amiga han rechazado la amable invitación de Sento a otra copita, no, sería demasiado, la cuenta, como siempre, la envías al ministerio, ya, ya, como siempre, ¿de verdad no quieren una copita?, venga, ya que insistes, me tomaré un pippermint *fané,* yo lo mismo, dice la mujer de Feliciano y en la otra mesa, la única que queda ocupada, todo el público ya se ha marchado, Beatriz-Isabel se levanta, es hora de marcharse, debo cumplir el gozoso encargo de acompañarte, sonríe Resti, encantada que lo hagas, el imitador de aves llama a Juan Luis, pide un taxi por teléfono, chaval...

Están a punto de salir, cuando Sento advierte que sigue sobre la silla el abrigo de don Marciano, el elegante abrigo azul marino con cuello de terciopelo negro y sisea discretamente a Resti, que no comprende la intención de sus gestos. Tiene, pues, que acercarse y tomar el abrigo y entregárselo, recalcando la intención de la frase explicativa:

—Olvidaba *su* abrigo...

—Tiene razón; muchas gracias. Hasta luego.

—No se entretenga... —Y a la imponente—: Ya hablaremos usted y yo...

—Tengo mis dudas.

Luisita, que sigue con curiosidad la despedida de la pareja, se fija en el abrigo que Resti ha colocado sobre sus hombros, qué casualidad, le dice a su amiga-confidente, es igualito que el de Marciano, aunque no creo, la piel del cuello del nuestro la compramos en Moscú cuando estuvimos allí, por supuesto, antes de la perestroika, que ahora aquello ya no es lo que era, y que lo digas, no fusilan a los disidentes ni nada, se trata del crepúsculo de las ideologías, como dijo no sé quién...

En la puerta, Resti y la imponente casi se dan de narices con el primo Feliciano, que les cede el paso, aunque después no llega a traspasar el umbral, porque Sento se lo impide, empujándole hacia la calle, hasta dejarle en la acera.

—Pero ¿qué hace aquí, demonios?

—Vengo a recoger a Marciano; tenía encargo suyo de hacerlo, si le llamaba el ministro.

—El señor subsecretario tuvo que irse; resulta largo de contar, las que están ahí dentro son su señora de usted y la señorita Luisa.

—¡Ostras!

—Afortunadamente, no ha pasado nada, un milagro. Don Marciano me dijo que se iba a su despacho, o sea que deben de haberse cruzado...

—Pues servidor también se larga. Y cuanto antes...

—Puede decirle al señor subsecretario que todo estuvo bajo control... —farda Sento.

Luisita está diciendo:

—¡Y pensar que el pobre Marciano igual se ha quedado sin comer!

—No le vendrá mal; le sobran seis o siete kilos.

—¡Qué generosa eres! Yo pienso que, por lo menos, doce...

* * *

Siete y media de la tarde. Resti abre con mucho sigilo la puerta del restorán, que está en penumbra, con las mesas montadas para la cena, el mostrador limpio, cerradas las ventanas. Lleva sobre los hombros el precioso abrigo azul marino del señor subsecretario, pero el cuello de terciopelo queda ahora cubierto por un *foulard* de seda natural, airosamente anudado. Sento, que tiene oído de tísico, siempre ha presumido de ello, le oye entrar y deja la lectura de *Las Provincias* y viene desde su cuarto.

—Buenas tardes... —saluda Resti.

—Más bien, noches. Ya me contará de dónde sale a estas horas...

—Verá... Es que estuve dando un paseo por el Madrid de los Austrias, después de dejar a la señorita en su casa, en la calle del Sacramento...

—Por fin sabemos dónde vive... Algo es algo.

Resti se quita el abrigo y lo entrega a Sento.

—Aquí tiene el gabán de don Marciano.

—Lo guardaremos en mi cuarto; supongo que mandará a recogerlo. —Repara en el *foulard* que se enlaza alrededor del cuello de Resti—. Oiga, ¿y ese pañuelo? Porque cuando se fue, no lo llevaba...

—Efectivamente, no lo llevaba. —Tras unos segundos de vacilación—: No le puedo mentir: es un regalo de Beatriz.

—¿Un regalo? ¿A qué santo?

—Agradecimiento.

—¿Por haberla acompañado?

A Resti, cómo no, le vence la presunción machista; así que, con ojos pícaros, responde:

—Por eso... y por todo. No me obligue a dar más detalles; compréndalo, yo soy un caballero...

—¡Pero cómo! —se excita Sento—. ¿Ha sido capaz de...? —El imitador pone un gesto más que expresivo—. ¿Y así... por... por la cara?

Con dignidad profesional, Resti precisa:

—De eso, nada; hubiese ido contra mis principios. Aunque realmente, sólo me regaló este *foulard,* de mucho precio, eso sí. Después de todo, fue un buen detalle...

Olímpicamente, se dirige hacia el pasillo de la cocina. Sento, anonadado, sorprendido, pasmado, confundido, en el fondo, lleno de envidia, se pregunta a sí mismo, aunque hablando a media voz:

—Pero ese tío, ¿qué les dará?...

* * *

Don Niceto ha llegado un poco antes de lo habitual; quiere hablar a solas con Sento para explicarle que ha encargado unas investigaciones sobre Resti a un comisario de policía, buen amigo suyo, quien le ha prometido interesarse en el asunto. Don Niceto está preocupado por Fina, tan buena mujer, a la que el extraño imitador de aves ha sorbido el seso; también a Sento le inquieta la situación, aunque lo disimula, si bien, anima al cura a insistir en las gestiones.

—Y a todas éstas, ¿no ha vuelto a hablar de boda?

—Hablar, ya lo creo que lo hace. Pero todo se le va en palabras; como decimos en Alfafar, *de forment, ni un gra...* (1).

—¿Sigue sin encontrar trabajo?

—¡Pero si ese individuo es más inútil que el Defensor del Pueblo! Labia, toda la que quiera; y simpatía, cuando le da la gana, a raudales. Ahora: lo de arrimar el hombro le da alergia...

—Entonces, ¿cómo va a casarse, si no cuenta con nada?

—Lo mismo le dije yo hace unos días. ¿Y sabe qué me contestó? «Cuento con la ayuda de Dios, que no me abandonará.» Espere, espere; en seguida añadió: «Vaya, y con unos campitos de arroz que tiene Fina en el pueblo, pro-indiviso con su hermana...» ¿Qué le parece?

—Una frescura más que respetable...

El fresco, a todas éstas, está en la cocina, repantigado en la silla, degustando su cotidiana copa de Armagnac y leyendo *El Mundo* con atención, mientras Fina se lo mira, no sabríamos decir si con embeleso o con rabia, si con ternura o con fastidio y la duda se acrecienta, al escuchar su pregunta:

—Resti, ¿de verdad me quieres?

—Pues claro... —contesta él, sin dejar de leer.

—¿Con todas tus fuerzas?

—Seguramente.

(1) De trigo, ni un grano. *(N. del a.)*

—¿Cómo que seguramente? ¡De modo que no lo sabes seguro!

Resti aparta los ojos del diario para mirarla.

—Sí que lo sé, mujer; claro que lo sé. Pero leyendo el periódico, me había distraído.

—Lees el periódico porque te aburres a mi lado...

—Leo el periódico porque me divierten las cosas que dicen los ministros.

—Eso no es normal, cariño...

—Tienes razón; debía cabrearme. Aunque para lo que iba a sacar...

—¿De verdad, de verdad, vas a venirte conmigo al pueblo para conocer a mi hermana?

—Por supuesto que sí. Estoy deseando encontrarme en tu hermosa tierra natal, pasear por los lugares donde jugaste de niña, recorrer tus arrozales... ¿Cuántas hanegadas dijiste que eran?

—Ya no me acuerdo; de eso se ha ocupado siempre Ascensión. Oye, ¿y por qué no hacemos el viaje en autobús? Como nunca he ido en aeroplano, me da miedo.

—Tonterías. El avión es el medio de transporte más seguro. Sólo tiene un inconveniente: que va por el aire.

—¿Y si me mareo?

—Todo está previsto; te darán una bolsita muy mona, para los desperdicios.

—Si por lo menos, me toca ventanilla.

—Te advierto que sólo se ven nubes.

—No, si no lo digo por mirar; sino por el mareo. Podría bajarla, para que me diera el aire...

Resti no hace ningún comentario; se levanta, porque ya es la hora de la partida y va hacia el comedor, donde acaba de llegar don Amalio, completando el cuarteto de jugadores. El catedrático está hoy malhumorado, cómo no va a estarlo si los terroristas han vuelto a cometer una de sus salvajadas, esto ya resulta absolutamente intolerable, no respetan ni a los niños, cinco pobres criaturas han muerto en la explosión de un coche-bomba y Sento no se anda por las ramas, a esos canallas los colgaba yo cabeza abajo en la Puerta del Sol, no digas barbaridades, modera don Niceto, aunque efectivamente, en ciertos casos se justifica la última pena, lo lamentable es que ya sabemos lo que pasará, *enérgicas condenas* de los partidos políticos, excepto Herri Batasuna, precisa don Amalio, sí, otra cosa incomprensible, pensar que a semejantes jenízaros les pagamos entre todos sus sueldos de diputados, ¿y qué me cuenta del obispo Setién?, pincha Resti, Dios le perdone, dice el cura, persignándose, rezo todas las noches por su salvación, aunque tengo serias dudas al respecto...

Con el dominó, según costumbre, los ánimos se serenan y ya sólo se habla de la suerte que tiene Sento con las fichas.

* * *

La posición de Resti comenzaba a ser incómoda. El comisario amigo de don Niceto le había anticipado unos primeros informes, según los cuales era más que probable que se tratara de un sujeto con antecedentes penales, si bien no podía asegurárselo plenamente, a la espera de confirmar ciertos datos. Sento estaba cada vez más incomodado con él; a las camareras les molestaba ya su desvergüenza; sólo Fina parecía seguir cautivada por su ingenio y su palique. Y, sin embargo, un imprevisto suceso vino a consolidar el prestigio del imitador de aves, mamíferos y ruidos centrífugos, devolviéndole la admiración del mesonero y hasta una gratitud más que justificada.

Sucedió un lunes. Juan Luis había llegado luciendo un escandaloso vendaje alrededor del cráneo; nada importante, explicó, se trata de un porrazo, ¿dónde te has caído? le preguntó Sagrario, no, al decir porrazo, me refiero a que me dieron con una porra, fue ayer, al retirarme a la caseta cuando terminó el partido, después de haber anulado un gol al equipo de casa, ¡válgame el apóstol, pobriño!, bueno, son gajes del oficio, un accidente laboral, podríamos decir...

Estaba don Marciano, de nuevo en el redil sentimental, con Luisita y su primo Feliciano y la inevitable mujer de éste, y simuló ir a los servicios para hacer un aparte con Sento, aún no había podido agradecerte tu valiosa ayuda, le tomó con cariño por el brazo, dale también las gracias al señor de las mil voces, Beatriz me habló con gran elogio de su gentileza, ya me lo imagino, Sento sonríe con sorna y se interesa por la imponente, ¿qué tal va la aventurilla?, terminó, el subsecretario lo dice con evidente tristeza, no podía ser más que un pasatiempo fugaz, mi personalidad pública me exige ahorrar posibles filtraciones, desde luego, poco iba usted a ahorrar con la señorita Isabel, ironiza el otro, ¿cómo Isabel?, ¡ah, no, perdone, qué cabeza!, quería decir Beatriz, guardaré siempre un grato recuerdo de ella, vuelve don Marciano a afligirse, una hembra de insaciable fogosidad, me admira su sentido del deber, elogia Sento, bueno, y no te olvides de Luisita, reconoce el subsecretario, se me erizan los cabellos pensando la que se pudo organizar si llega a sospechar lo más mínimo, la verdad, mi querido amigo, la temo más que a un nublado, es natural, sólo por el deber no iba a licenciar a la pécora, piensa Sento, aunque, obviamente, se lo calla.

Pues ese lunes ocupaba una de las mesas, exactamente la número cinco, Evaristo Villacañas Portocarrero, alias *el Cañas,* natural de Madrigal de las Altas Torres, provincia de Ávila, partido judicial de Arévalo, ejerciente de muy distintos oficios, si bien ninguno mínimamente honesto, como el lector colegirá de la relación que sigue: tahúr, chamarilero, trilero, carterista, descuidero, caco, extorsionista, timador, chantajista, socaliñero, sablista, engaitador, fullero, cortabolsas, piquero, estafador y algunos otros de similar calaña. Cuando llegó la transición política, encontrábase cumpliendo condena por robo con escalo en el penal de Ocaña y, al salir en libertad, acogido al indulto general promulgado al instaurarse la democracia, utilizó con sabia habilidad sus años de prisión bajo el anterior régimen, y la aureola de víctima del mismo que le conferían, para situarse muy ventajosamente en las áreas económicas del PSOE, de donde no tardó en ser expulsado, por excesivamente sinvergüenza, lo cual da idea de la magnitud de su granujería: incluso llamó la atención en aquel partido.

Desde entonces iba trampeando con las actividades antes dichas, desempeñadas con notoria profesionalidad y, en consecuencia, escaso riesgo. No era cliente nuevo; ya en dos ocasiones anteriores estuvo en la tasca, y la primera aprovechó para llevarse unas cucharillas de postre y un sifón, hazaña evidente que demostraba su pericia, pues no resulta sencillo arramblar con semejante cacharro, lo hacía no por su valor, sino en plan exhibición, y la segunda vez birló la generosa propina que había dejado en el plato un cliente magnánimo y usando el pretexto de una llamada, vació también las monedas que colmaban el depósito del teléfono público. Ambos latrocinios fueron advertidos por Sento, bien que *a posteriori* y por eso estaba ahora inquieto, desasosegado y sin quitarle ojo de encima, eso creía al menos, con manifiesto error.

Ciertamente, no abundaban los objetos de valor en el restorán, por razones elementales. Pero Sento tenía a orgullo sus dos candelabros de plata de ley, no muy grandes, aunque de peso, los había heredado de su padre, más de un anticuario quiso comprárselos y por muy buen dinero, pero él los considera un amuleto, una mascota, un fetiche de la buena suerte, desde los viejos tiempos del chiringuito de Alfafar habían lucido en todos sus comedores y ahora llevan más de tres años, desde la inauguración de éste, dándole fortuna, colocados en una repisa, cerca del mostrador, a guisa de adorno ornamental, uno junto al otro, simétricamente alineados, mas su dueño repara, de pronto, en que falta uno, ¿cómo es posible?, no le cabe duda, tiene que ser el individuo rechoncho; Evaristo Villacañas Portocarrero (a) *el Cañas,* pesa cerca de noventa kilos, el mismo que ya le robó hace unos días, aunque lo advirtiera tarde y Sento va en busca de Resti, tal para cual, piensa, aunque quizá este otro granuja tenga alguna ocurrencia válida...

—Ya le dije que era un cleptómano...

—Ni clepto..., eso, ni narices. Lo de hoy es grave: uno de los candelabros, esas joyas que son recuerdo de mi padre, que en gloria esté y que, además, valen un huevo.

—¿Me acerco a él y con buenas formas...?

—No sé qué quiere que le diga... Podría armar un escándalo; y con el público que tenemos...

A Resti se le enciende la lucecita:

—¿Me autoriza a efectuar una breve exhibición artística?... No me pregunte más y confíe en mí...

Al cabo de unos momentos, Resti aparece por la puerta de la cocina; se ha colocado un sombrero de copa y lleva en la mano esa varita mágica de los prestímanos, saluda reverencioso, señoras y señores, *madames et messieurs, ladies and gentlemen,* ante ustedes, procedente del Gran Circo Krone de Berlín, por deferencia de «El Orgullo de la Huerta» y para facilitar su digestión, Restituto Macías Va, imitador de aves, mamíferos y ruidos centrífugos, con lo mejor de su repertorio, y trina, cacarea, ruge, croa, relincha, muge, rebuzna, y los clientes, entre plato y plato, entre postre y postre, entre café y copa, aplauden satisfechos y Luisita le comenta a don Marciano, pero qué requetebién hace el animal este hombre, por cierto, he de preguntarle a Sento qué fue de su prima, me dejó muy mosca y Resti anuncia, a continuación, un ejercicio de parasicología y ciencias ocultas, mucha atención, ruego el máximo silencio, por favor, necesito concentrar mi mente...

Va hacia la repisa, agarra el candelabro que ha quedado en soledad, hace como que busca una mano inocente, usted, distinguida dama, si me permite, es la mujer de Feliciano, le guiña el ojo en demanda de complicidad, le entrego este bonito candelabro, guárdelo bien, nada por aquí, nada por allá, observen, damas y caballeros, el candelabro lo introduzco en el bolso de la señora, y ahora exprimo mi cerebro y convoco los efluvios siderales, silencio, silencio, ¡abracadabra, pata de cabra!, ¡ajunjalí, flor de alhelí!, tiene los ojos cerrados, la frente fruncida, la faz colorada, es el tremendo esfuerzo de concentración mental, de pronto da una voz, ¡hale, hop!, y se dirige hacia Evaristo Villacañas Portocarrero (a) *el Cañas,* al tiempo que comunica al distinguido público:

—Por un mágico efecto de mis poderes sobrenaturales, heredados de mi buen padre, que fue faquir en el Pakistán y acrecentados por los años de estudio, profundos ejercicios introspectivos, ascesis y meditación trascendental, he convocado a las fuerzas magnéticas del cosmos, y el candelabro, cabalísticamente trasladado por ellas, se encuentra ahora... ¡en poder de este simpático señor!... ¿Me permite, caballero?... No, ahí no; en el interior, donde los forros...

Mete la mano por debajo de la chaqueta del chorizo Evaristo Villacañas Portocarrero (a) *el Cañas,* saca el candelabro, lo exhibe con orgullo, *voilà!,* repite eufórico varias veces y los clientes ovacionan con entusiasmo, sólo el afectado aparece mustio, enojado y mohíno, ¡qué le va a hacer!, se da perfecta cuenta de que le han ganado la partida, así que pide en seguida la cuenta y se marcha sin dejar propina, mientras la señora de Feliciano le comenta a Luisita, esto estaba apañado, claro, boba, como en los circos, ¿qué hago con este otro?, espera, que ya nos lo dirá el artista.

En la cocina, Sento abraza, estruja, casi besa a Resti, mientras Fina llora de emoción y, aunque al cabo de un rato llega don Niceto y le dice, traigo novedades, efectivamente el sujeto no es de fiar, él le corta a las pocas palabras, con una frase rotunda:

—Lo siento, pero hoy el Resti es mi padre.

8. LA ÚLTIMA CONQUISTA

Sagrario gimotea, hipa, solloza entrecortadamente; en definitiva, tiene un soponcio o crisis nerviosa, que Fina intenta moderar ofreciéndole una taza de tila; ya más sosegada, cuenta su aventura, entre la expectación de sus compañeras y de Sento, éste preocupado, sobre todo, porque se acerca la hora de servir las comidas y su camarera no acaba de reponerse.

—Aún me tiemblan las piernas, del susto... —dice la gallega—. Resulta que andaba paseando por los jardines del Mal Retiro... ¿Cómo del Buen Retiro, después de lo que me ha pasado?... Iba distraída, mirando cómo caían las hojas de los árboles y lo bonito que es el cielo de Madrid, cuando de repente, ¡zas!, el barbudo.

—¿Era joven?

—Era una mala bestia. Se me echó encima y comenzó a decirme palabrotas gorrinas y me agarró por la cintura y quiso besarme. Pero le di un bocado y se le llenaron los labios de sangre. ¡Cómo se puso el tío!...

—Mujer, no querrías que se saliera por alegrías...

—Me levantó las faldas, y..., bueno, pues eso, intentó trajinar por ahí, hecho una fiera. Claro que una es aldeana gallega y en la aldea nos enseñan desde pequeñitas el modo de defendernos de los hombres malos.

—Artes marciales...

—Nada de eso; patada a las partes bajas. ¡Le di

una!... El barbudo se dobló como un boxeador *groggy*. Se dice así, ¿verdad? Y servidora salió corriendo a tal velocidad, que si me ven los de la Olimpiada de Barcelona, me seleccionan.

—¿Y no había nadie por allí?

—Un tipo sentado en un banco, que lo presenció todo, sin moverse del sitio. Al rato me encontré con un municipal y le conté el suceso. Dijo que yo era la doceava en lo que iba de semana.

—Diría la decimosegunda...

—No, no; la doceava, como el ministro de Educación. También añadió que en vista de que la cosa no había pasado a mayores, mejor sería olvidarlo. Después me dio un consejo: «Mire, joven, cuando vuelva a ocurrirle, porque supongo que le volverá a ocurrir, si comprende que la violación resulta inevitable, hágame caso: relájese y disfrute...»

—¡Qué barbaridad! —se escandaliza Fina.

Y Sento comenta:

—La filosofía del experto. En fin, afortunadamente, no hubo daño irreparable. Así que, andando, lávate la cara, ponte el uniforme y al comedor, que hoy tenemos al señor subsecretario.

—Pues se lo voy a contar, para ver si ya de una el gobierno toma medidas en defensa de las personas decentes.

—De eso, nanai —dice Sacramento—. Ahora, ser decente supone llevar siempre las de perder. ¡Y pensar que el violador estará por ahí, tan campante!

—Presunto, querida —precisa Sento—. Presunto violador.

—¡Menos mal que la patada que le di en sus zonas húmedas no fue nada presunta!...

Y serenados los ánimos, cada cual se marcha a su trabajo. No es fácil, no, el de las camareras, que muchas veces tienen que aguantar impertinencias y hasta groserías de clientes mal educados o seductores, como aquel que se empeñó en ligar con Sacramento y venga preguntar que si estaba comprometida y que si tenía libre algún día y que por una mujer así sería capaz de hacer locuras, pues mire, vote usted a Ruiz-Mateos, le dijo ella y en cuanto a novio, le advierto que lo quiero con título, ¿barón o conde?, preguntó el pelmazo, me basta con el de perito mercantil, ¡muy bueno!, celebró el latoso, anda, ponme un coñac, *please,* de esa marca no nos queda, ¿le vale Fundador?...

Sento tiene una maña especial para atender a la clientela, siempre y cuando esté de humor y entonces da gozo escucharle recitar la carta, arroces de todas clases, especialidad de la casa, me permito recomendarles el de *fesols i naps* porque hoy hace frío y les entonará sus interioridades; entremeses variados, que son siempre los mismos, para no variar; judías sefardíes o ducales, éstas proceden de Cebreros; el rape es tan fresco, que el otro día piropeó a una clienta; espinacas Popeye, vigorosas como su nombre indica...

—¿Qué son «huevos a elegir»?

—Huevos fritos.

—¿Y por qué dice «a elegir»?

—Porque puede tomar uno o dos.

—Entonces, dos, con patatas fritas.

—Perdone, caballero; como éste es un restorán económico, solamente servimos patatas a lo pobre.

—¿Qué tal el pollo?

—Lo he visto nacer; le aseguro que no es de plástico, como los que sirven por ahí.

—Pues pollo al ajillo; pero teniendo en cuenta mi úlcera, tráigame bicarbonato, por si las moscas...

—Le aclaro que nuestro pollo no lleva moscas; las dejamos para la sopa.

—¿Qué es esto del «brazo de tránsfuga»?

—Naturalmente, brazo de gitano...

—¿Y «bocaditos de tata»?

Sento se extraña, con su permiso, dice, finísimo, y toma la carta y se coloca los lentes, ¡claro, es una errata! Los bocadillos son de nata, no de tata, tal como se encuentra el servicio, ya me explicará el señor y es que hay que estar siempre encima de ellas, se entiende, en el sentido laboral. Bien; ¿y para beber? ¿Vino de la casa o vino bueno?...

Así, entre bromas y veras, con chanzas, eso sí, siempre respetuosas para la clientela, el mesonero se granjea su afecto y como la cocina sigue siendo excelente y los precios discretos (a pesar de ciertos reajustes recientes, efectuados, como él dice, en línea con las directrices oficiales de acercarnos a Europa, no hay más que ver lo que nos ha hecho la Telefónica), el negocio marcha boyante. Y suele ocurrir que quienes comen una vez en «El Orgullo de la Huerta» repiten la visita y acaban convirtiéndose en habituales de la tasca (restorán de dos tenedores, con perdón por haberle disminuido de categoría).

Entre quienes repitieron figura don Braulio Marqués Calomarde y Díaz-Vega, que por cierto bien podía haberlo hecho antes, pues tardó sus buenos tres meses en aparecer de nuevo por el local, lo que no dejaba de ser una pequeña ordinariez, teniendo en cuenta que en su primera visita le salió gratis el almuerzo, como compensación de los posibles gastos de tintorería, imputables al resbalón de Sacramento. Y regresó acompañado por el mismo amigo de entonces, poco hablador e indudable pelota, lisonjeador o cobista y por otro conocido de Sento, el abogado de los ilustres colegios de Madrid y Alcalá de Henares, don Armando de la Encina Sainz de Vizmanos. Hacia quien se dirigió en seguida el mesonero, dedicándole una sonrisa de satisfacción.

—¡Mi muy querido amigo! ¡Qué alegría verle por aquí!...

—Lo mismo digo. ¿Se conocen ustedes?

Sento dudó unos segundos.

—Creo que sí... Sin embargo, perdone, no recuerdo ahora...

—¡Claro que nos conocemos! Del día que aquella camarera tan guapa me echó la sopa por encima y tuvo usted el detalle de invitarnos...

—¡Ahora caigo! —le dio efusivamente la mano—. ¡El señor Duque!

El acompañante adulador rectificó veloz:

—¡Ojo, que la confusión se presta a interpretaciones desagradables! Nada de Duque, Marqués...

—¡Eso, Marqués! ¿Qué tal quedó su traje?

—Como nuevo. En la tintorería hicieron honor a su eslogan comercial: limpian todas las manchas, menos las del alma.

—Vaya, vaya; lo celebro tantísimo. Por lo que veo, son ustedes amigos de don Armando, este eminente letrado...

—Más todavía que eso: somos vecinos —aclara el eminente—. O más exactamente, copropietarios: yo vivo en el quinto A y el señor Marqués en el cuarto A del mismo inmueble.

—También hemos descubierto que servimos en el mismo cuerpo...

—¡Ah! Compañeros de mili...

—No, no: que compartimos una amante...

Ríen moderadamente la gracia de don Braulio, y se ponen en seguida de acuerdo en el menú, un arroz de verduras, antes están invitados a unos *sepionets,* ofrece Sento, estupendo, muchas gracias, ¿y de postre?, hombre, si hubiera un buen queso, ¿cómo bueno?, ¡excepcional!; el gruyère es de tanta categoría que, en vez de agujeros, tiene ventanas, y el camembert lleva gusanos, pero de seda, ¡muy ocurrente!, tinto para beber, por ejemplo, un Faustino I, ahora mismo se lo mando con la camarera, por cierto, adviértale que ande con cuidado y no repita el numerito, pues hoy vengo de claro y las manchas en estos trajes son más difíciles de limpiar...

Mediada la comida, la euforia es grande en la mesa, don Braulio y don Armando deciden tutearse, antes no lo hacían, el acompañante pregunta tímidamente si él también puede, tú también, pero menos, le contesta Marqués y suelta una risotada, el otro se encoge de hombros, un pobre hombre debe ser, una especie de escolta de segunda categoría, entre bufón y lacayo, al abogado le desagrada la descarada prepotencia con que su vecino le trata y cambia la conversación, habrá que pensar en poner un vigilante en el garaje, efectivamente, hace mucha falta, ¿qué plaza tienes? tengo dos, dice el letrado, la treinta y la treinta y uno, para el Lancia y el utilitario, sí, ahora recuerdo.

—¿Y tú qué plaza ocupas?

—La veintisiete, donde aparco el BMW.

—¿En la veintisiete? Allí siempre hay un seiscientos...

—Efectivamente; un seiscientos, matrícula de Barcelona, MV. O sea, un B-MV.

Nuevamente se ríen estruendosamente, el tal Braulio Marqués salta a la vista que es ordinario, tosco y zamborotudo, sin duda responde a ese tipo humano de los estraperlistas de antes, de los negociantes turbios de ahora, habituados a ganar dinero con facilidad y pocos escrúpulos, para gastárselo rápidamente y de forma estúpida, se esfuerza por estar simpático aunque resulta amanerado, nada sincero, al ilustre abogado no le gusta como persona, aún no termina de comprender por qué aceptó su invitación, lo cierto es que se encontraron en el portal, como muchos días, y el otro se volcó en elogios y cortesías, mi distinguido vecino, qué, ¿a almorzar?, pues nosotros también, iba acompañado, claro está, por el sempiterno cuidador, a guisa de espolique, ¿por qué no nos honra con su compañía, si no tiene compromiso? y anduvo falto de reflejos, ésta es la verdad, podía haberse buscado cuaquier excusa, pero no, será un placer, contestó, ¡magnífico!, que entre vecinos debe existir buena amistad y más en nuestro caso, usted arriba, yo debajo, en realidad, más que vecinos, matizó don Armando, somos condóminos, condueños o copropietarios, lo cual hace más fuerte la mutua relación.

Ahora se sentía incómodo con la compañía y con la sal gruesa de las pretendidas bromas de su vecinocondómino, ¿qué me cuentas de la inquilina del tercero C?, poco puedo contarte, que parece una fresca, ¡qué va, todo lo contrario: una caliente!, ¡ja, ja!, no para de soltar carcajadas y desde las otras mesas, algunos miran hacia la suya, pues no lo sé, la verdad, pero no me extrañaría que se dedicase a una profesión poco decente, ¿quieres decir que está metida en política?, otra vez las estrepitosas risotadas, el bufón-lacayo informa, me consta que ejerce el histórico oficio de rabiza en su propia casa, es decir, la nuestra, entonces, querido letrado, yo te pregunto, ¿no es eso causa de desahucio? Armando tuerce el gesto, lo fue, con la ley de arrendamientos del año cuarenta y tantos, pero ahora, si no hay escándalo notorio, es decir, algarabías, exhibiciones obscenas, orgías desenfrenadas, ya no lo es, las leyes, ¿sabes?, se han vuelto muy tolerantes en esta materia...

Braulio Marqués enciende un purito pequeño, de los que llaman señoritas; están ya dando buena cuenta del café, lo peor de la comida. (Sento se lo advirtió, honestamente: y conste, les dijo, que es auténtico de Colombia, pero con el follón que allí tienen con el narcotráfico, es natural que no se ocupen del cafetráfico.)

—Hombre, y hablando de leyes, ¿me permites un atraco profesional?

¡Tate, piensa Armando! Ésta debe de ser la causa de la invitación. Por supuesto, se ofrece aparentemente gustoso a la consulta.

—Discutía yo con éste —señala sin mirar al acompañante— sobre quién es el responsable en una casa de las goteras y subsiguientes desperfectos. O séase: supónte que en el techo de tu cocina aparecen unas humedades y de la tubería que baja del piso superior comienzan a caer gotas, muchas gotas, que afectan al frigorífico y provocan una avería. ¿Quién está obligado a resarcir?

—Tal como lo cuentas, es un caso clarísimo: el vecino de arriba.

—¿Y también tendrá que pagar dos kilos de merluza que había en la nevera y la moqueta del pasillo, que se han echado a perder?

—Por supuesto.

—¿Estás seguro?

—El principio de causalidad parece indiscutible.

—¿El qué?

—Una regla de oro del Derecho: quien es causa de la causa, es causa del mal causado...

Braulio repite entre dientes la enrevesada máxima, quien es causa de la causa, etcétera, y ya en alta voz, comenta, oye, tú, muy interesante, supongamos que un cliente acude a tu bufete con esta misma consulta, ¿qué le dirías?

—Le contestaría igual, por supuesto.

—¿Hasta se lo darías por escrito?

—Si me solicitaba un dictamen, claro que sí.

El señor Marqués, don Braulio, sorbe poquito a poco el pacharán de su copa, aspira una bocanada del purito y después expulsa el humo por las narices y, tras la pausa, ensaya un gesto amable, casi avergonzado, antes de decir:

—Pues en vista de semejante lección de Derecho, que mucho te agradezco, lamento comunicarte que tendrás que hacerte cargo de todos los gastos ocasionados por las goteras que han aparecido en el techo y en las paredes de mi cocina, procedentes del piso de encima; es decir, del tuyo...

Armando se queda muy serio; tarda en reaccionar.

—Supongo que se trata de una de tus bromas...

—Nada de broma; después te enseñaré los destrozos.

—En realidad, hay que considerar también ciertos detalles... Si la tubería de la casa forma parte de los elementos comunes, el daño emergente quizá deba imputarse pro indiviso...

Entonces el acompañante-lacayo, con una sonrisa sardónica, criminal, recuerda a modo de sonsonete:

—Pero quien es causa de la causa, es causa del mal causado...

Y el frescales de Braulio palmotea en la espalda de su atribulado condómino, consolándole casi a gritos:

—¡No pongas esa cara, hombre! ¡Que al almuerzo invito yo!...

El restorán se ha ido quedando vacío. En la mesa del rincón, una parejita amartelada, que se pasó la comida haciéndose carantoñas, parece discutir ahora, pero en buen plan, sin enfadarse apenas, él está empeñado en que vuelvan a su apartamento, para hacer el amor, ella simula asombrarse, pero Manolo, cariño, ¿es que no te cansas nunca?, después de este banquete, estoy dispuesto a comenzar de nuevo, no, no, voy fatal de tiempo, y ya sabes que me gusta ser puntual, sólo un ratito, insiste él vehemente, ni hablar, son cerca de las cuatro, aún tengo que pasar por la peluquería y darme una buena ducha y cambiarme de traje, vuelvo a recordarte mi obsesión por la puntualidad, mucho más en un día como hoy, la ceremonia es a las ocho y no querrás que llegue tarde el día de mi boda, ¿qué diría el bueno de Everildo?

Por la puerta de la calle entra Resti, silbando muy piano, quizá sean gorjeos, atraviesa el comedor hacia la cocina, sin reparar en el personal, pero Braulio le ve y se asombra al verle, incluso se alegra y, sorprendentemente, le grita:

—¡Roberto!...

Resti se detiene como fulminado; mira hacia la mesa de los tres amigos desde donde Braulio insiste en llamarle por ese nombre:

—¡Roberto...! Pero ¿es que ya no me conoces?

Se levanta y va hacia él; azorado, sin perder de vista el mostrador, donde por fortuna no hay nadie en ese momento, Resti le responde, en un susurro:

—Hola, Braulio...

—¡Un abrazo, caramba! Que no nos veíamos desde..., bueno, desde aquello. ¡Demonios con Roberto!

Y Roberto-Resti o Resti-Roberto soporta el achuchón con cara de circunstancias, y cuando Braulio se interesa, ¿qué pintas tú aquí, tan seriecito?, contesta, siempre a media voz:

—Ya te explicaré... ¿Dónde puedo encontrarte?

—Toma una tarjeta; por las mañanas estoy hasta las doce. ¡Que me alegro muchísimo de este encuentro, Roberto!...

—Por favor, aquí llámame Resti.

* * *

La última aventurilla de Sento, la que sería su última conquista, se gestó en la pescadería, ¿y por qué no, aunque el lugar no resulte, a primera vista, demasiado propicio para incubar un romance? Ella era una de esas mujeres de edad confusa, pero apariencia todavía brillante, tenía artificialmente terso el cutis y la nariz respingona, que ya es sabida la manía de los cirujanos plásticos por dejarlas siempre así, y estaba comprando percebes, lo cual constituye un evidente signo externo de riqueza. En determinado momento se le cayó al suelo un manojo, y Sento, que estaba a su lado y ya había reparado en el opulento trasero de la señora y en la esplendidez de su escote, se agachó, rápido como una centella, para recogerlo, ofreciéndoselo después con toda gentileza.

—Muchas gracias por haberse molestado...

—¡Faltaría más, señora! Es como si se le hubiese caído un billete de cinco mil...

Sonrió la gracia, aceptó el inevitable diálogo y ahí comenzó todo. Tomaron juntos un café, confesó ella que le gustaba muchísimo ir a la plaza, como a Belmonte en sus tiempos, bromeó él, apresuróse la cuaren-cincuentona a declarar su estado civil de viuda, intercambiaron sus tarjetas y Sento sintió que le dominaban de nuevo sus famosos hervores. Aunque, alertado por la infausta experiencia con la imponente lagartona, recabó informes de su amigo, el pescadero, acerca de la identidad de la dama. No podían ser más tranquilizantes: doña Marcela Quintana Vallespín, efectivamente viuda del ilustrísimo señor don Ginés Bracamonte de la Rasilla, ingeniero de Caminos, Canales y Puertos, poseía fincas en la provincia de Salamanca, vivía en la señorial calle de Alfonso XII, en un piso de renta antigua, con vistas al Retiro y, por supuesto, siempre pagaba al contado, pues, además de sus propiedades, trabajaba en algo, no sabía exactamente qué, negocios, por las trazas, prósperos.

Frecuentaron los encuentros y hasta los paseos; una mañana ella le llevó en su Mercedes 230 a dar una vuelta por la Casa de Campo, durante la cual se produjeron los primeros tocamientos atrevidos e incluso tres, sólo tres, besos mínimos, cándidos, como de colegiales. Quedaron en salir la noche del viernes, pero la víspera, Marcela le llamó por teléfono excusándose, perdona, no sabes cuánto lo siento, tengo que marcharme a Salamanca, mi administrador dice que ha surgido no sé qué problema en una de las fincas, sí, hijo, sí, esto de ser terrateniente es una lata muy grande, pero qué le voy a hacer, el pobre Ginés, que en gloria esté, tenía la manía de coleccionar hectáreas...

Lo que más conmovió a Sento, hasta el punto de convencerle de que la hermosa viuda sentía indudable atracción por él, fue que a los pocos días le telefoneó desde la finca, te llamo para decirte que regresaré el martes y, aunque esté feo confesarlo, tengo ganas de verte, ¿te parece a las diez de la noche?, es verdad, no me acordaba de que a esa hora estás en pleno trajín en la tasca, al mediodía no, francamente, para hacer ciertas cosas prefiero estar bien comida. A Sento le dio un vuelco el corazón, a buen entendedor, con pocas palabras bastan, pensó, y ya lanzado, oye, Marcela, ¿es que has meditado en lo que te dije y por fin te decides? ¡Estupendo! A las seis de la tarde me parece una hora ideal; aquí, por supuesto. Claro que no habrá nadie: tú y yo, como dos tortolitos. Y tendré licores de los que te gustan y luces de colores y verás qué bien lo pasamos. Por eso, no te preocupes: estoy hecho un toro. Bueno, en el sentido de fuerte, claro. Llámame en cuanto llegues... Un besito... Otro... Otro...

Pasó en pura excitación los días que faltaban, hasta que llegó el martes y el martes, al mediodía, volvió a llamarle la hermosa viuda, ya estoy aquí, ¿no hay ningún problema?, ninguno, a las seis en punto te estaré esperando. Había preparado el organismo a base de grandes raciones de ostras, las ostras son el mejor afrodisíaco, le oyó decir al doctor Beltrán por la televisión y no reparó en gastos, con tal de ponerse a punto. Perfumó la habitación, él mismo se perfumó de arriba abajo y estrenó ropa interior, toda de seda natural, con dibujitos, y a las cinco y media ya estaba paseando por el comedor, impaciente, nervioso, inquieto.

Cuando sonó el timbre de la calle, Sento miró a través de los visillos y se aterrorizó, porque era don Niceto, a quien, obviamente, no tuvo más remedio que abrir.

—Pero, ¿qué hace usted aquí? ¿No le avisaron de que hoy no había partida?

—Sí, claro que sí. Por eso he aprovechado para venir, para que charlemos a solas sobre el famoso Resti. Tengo ya un informe muy completo —dijo el cura.

—Pero es que no hay partida, porque tengo que ir al abogado... Ya sabe, el inspector de la Seguridad Social me levantó un acta por lo de las camareras... Y don Armando me está esperando en su bufete...

—¡Vaya por Dios! Bueno, pero una vez aquí, no me negarás una copita de chinchón...

—Creo que no queda.

—¿Cómo no va a quedar, si ayer abriste una botella?

—¿Seguro?

Mientras iba hacia el mostrador, don Niceto se sentó plácidamente.

—Pues verás; mi amigo el comisario...

—Ya me lo explicará mañana con más calma, ¿le parece? Don Armando me tiene citado dentro de diez minutos —achuchó Sento, sirviéndole al tiempo una minúscula ración de anís.

—En fin, como quieras. De todos modos, te anticipo que nuestro hombre es un sinvergüenza...

—¡Vaya novedad! —miró el reloj—. Don Niceto, que voy a llegar tarde...

—No te preocupes, seguro que todavía tendrás que esperarle. Los abogados siempre hacen esperar a sus clientes, aunque no tengan a nadie.

—Sin embargo... —observó que el sacerdote mantenía la copa en la mano, sin beber—. ¿Es que no está bueno el chinchón?

—Riquísimo.

—Entonces, ¿por qué no bebe?

—Esto hay que paladearlo sin prisas...

—Acuérdese de las que yo tengo...

—Prisas... y nervios, ¿eh?

—Usted dirá; según el acta del inspector, debo más de ochenta mil duros a la Seguridad Social...

—Si me hubieses hecho caso, en su momento... —apuró un sorbito—. Realmente estupendo este chinchón. Está tan bueno, que me tomaré otra copita. —Tras una pausa angustiosa—. Pero no; sería gula. ¿Tú no tomas nada?

—¿Cómo he de decirle que no puedo hacer esperar al abogado?

—Lo único que no admite espera es la salvación del alma. —Por fin, se puso en pie. Y arrugó las narices, estimulada su pituitaria por el picante aroma del perfume, tan copiosamente derramado—. Oye, aquí huele de una manera rara.

—Es que Fina, ya sabe lo hacendosa que es, ha desinfectado la cocina con un producto nuevo, que tiene muy buen aroma. Como un perfume francés.

—Las francesas inventaron los perfumes para disimular lo poco que se lavaban.

En este preciso momento sonó el timbre de la puerta. A Sento se le vino el mundo encima, de tal modo que permaneció indiferente, hasta que una segunda llamada hizo decir a don Niceto:

—¿No oyes que están llamando?... —no tuvo otro remedio que ir a abrir, con el susto encima, ante la trágica situación que se adivinaba. Para mayor escarnio, el cura estaba diciendo—: Hace días que quería felicitarte por tu conducta en las últimas semanas; te noto más calmado en tus obsesiones lujuriosas, más tranquilo...

«Que sea lo que Dios quiera», pensó Sento, sin reparar en lo inoportuno de la mención divina. Abrió la puerta de golpe y se encontró con el cartero, que sin decir palabra le entregó un manojo de sobres, marchándose en seguida. Repasó maquinalmente el correo y también, sin enterarse apenas de lo que decía, comentó:

—Nada; el periódico de Valencia y lo demás, impresos comerciales...

—Hay que ver la cantidad de cartas de propaganda que envían cada día. Fíjate: yo no paro de recibir invitaciones para salas de fiesta y hasta para algún cabaré...

—Porque toman los nombres de la guía telefónica... Bueno, don Niceto, ¿nos vamos?

—¿Es que sales conmigo? Estupendo; así charlaremos algo más...

—Sí; digo, no —se aturulló—. He de recoger los papeles para el abogado. Y llamar por teléfono al subsecretario, que lo había olvidado, me dijo don Armando que le facilitase el número del acta...

—Estás intimando demasiado con ese político. Y la fruta podrida corrompe lo que tiene alrededor; no olvides que vive en concubinato...

—Pero es muy buena persona...

Abrió la puerta, para despedir sin ningún miramiento al clérigo:

—Adiós, don Niceto; hasta mañana.

—Supongo que mañana sí que tendremos partida. —Don Niceto estaba en el umbral, aunque sin la menor intención de marcharse—. Porque se me ha ocurrido una salida sin el doble, que puede resultar sensacional. Mira, consiste...

—Mañana me la explicará, ¿eh? Mañana. Que tengo que llamar a don Marciano y marcharme corriendo al abogado...

Incluso lo empujó hacia la calle.

—Bueno, hombre, bueno; no te pongas así. Adiós...

—Adiós, adiós...

Cerró la puerta y, apoyando en ella la cabeza, suspiró con alivio. Casi al momento, escuchó el ruido de un automóvil que se detenía frente al restorán; instantes después, radiante, resplandeciente, Marcela estaba a su lado y sonreía gentil, mientras él le besaba la mano con pasión.

—Perdona el ligero retraso...

—¡Al contrario! Ha sido muy oportuno.

—Conque ésta es tu tasca, ¿eh? —Miró en derredor.

—Restorán de dos tenedores —corrigió, como siempre, el mesonero.

—Muy agradable. ¡Y qué bien huele! Parece que en vez de freír con aceite, lo hagáis con Yves Rocher.

—Lo que tú mereces. ¿Quieres beber algo?

—Sí, por favor. Estoy nerviosa; compréndelo... ¿Tienes licor de pera?

—¿Qué no tendré yo para ti?

Marcela se había sentado y curioseaba el local.

—¿Me permites una observación? La decoración no está mal, sencillita, pero simpática. Aunque yo le añadiría una pequeña biblioteca...

—¿Una biblioteca?

—En los restoranes europeos es muy normal; da un toque de distinción y los clientes agradecen mucho el detalle...

—Los míos sólo vienen a comer arroz...

—Sin embargo, en aquel rincón, a la derecha, quedaría muy bien colocar unos anaqueles, con algunos libros. ¿No tienes libros?

—Leo poco; el trabajo no me lo permite...

—Pues en adelante, tendrás que leer...

Levantó la copa de licor para brindar.

—Por nosotros dos. Por nuestro futuro... Por este tentador presente...

Y entonces Sento, desbocado, fuera de quicio, no pudo resistir más, se precipitó sobre Marcela y la besó con furia. A duras penas se lo quitó ella de encima, para reprenderle entre sonrisas tiernas.

—No seas loco, querido. Piensa que soy una viuda muy desentrenada. Y que me gustan la suavidad, la dulzura. Esto...

Le dio unos besitos cortos en las mejillas y en las orejas y en el cogote y Sento pensó que aquella viuda desentrenada tenía una técnica que para sí la quisiera el golfo de Resti y se sintió trasladado al paraíso.

—Vamos a la habitación, ¿te parece?

—Espera, salvaje mío; no seas tan impetuoso. ¿Por qué no charlamos un poco? Compréndelo; necesito perder la timidez.

Aunque se trataba de una timidez muy original; pues la apocada, pusilánime, pacata y vergonzosa, no tuvo inconveniente (eso sí, pretextando que hacía calor) en quitarse el vestido y quedar medio en pelota, dicho esto con el mayor miramiento y respeto, pues también resulta de justicia destacar que, aunque el sujetador le resultaba algo pequeño, dejando medio pecho fuera, en compensación usaba pololos, entiéndase, calzones con volantes, de modo que sus zonas mayormente erógenas aparecían a cubierto de miradas lascivas, si bien semejante detalle de pudibundez provocó en Sento una curiosa reacción contraria y encabritó sus apetitos lujuriosos, porque tan casta e íntima prenda le trajo a la memoria cierta aventurilla de sus años mozos, una nadería, en realidad, un ingenuo coqueteo que mantuvo allá en Alfafar con su tocaya Vicentica, la chica del tío Botigueta, que bailaba jotas valencianas en los Coros y Danzas y también la usaba, según era preceptivo en la entrañable organización.

Así que de nuevo fue presa de una febril pasión erótica y otra vez tuvo la viuda que contenerle, eso sí, con muy finos modales, incluso con ternezas y pícaros mimos, pues, pese a su confesado desentrenamiento, dominaba el arte de encelar al varón y darle cuerda, para retirarla en el momento justo, manteniéndole así en constante excitación, aunque debidamente controlado. Sento también se había aligerado de ropa; las desconcertantes reacciones de Marcela le tenían acoquinado, sin que se atreviese a tomar la iniciativa y ella, dueña absoluta de la situación, parecía que al fin se disponía a culminar su entrega, ya estaban en la habitación, ya había encendido Sento la luz roja del vicio, ya la viuda se contoneaba de modo insinuante y hasta le hacía cucamonas en la cara, cuando de improviso frenó en seco su aparente disposición para el ayuntamiento y dijo, con gran energía:

—Te advierto que soy muy caprichosa.

Lo cual engolosinó aún más al excitado galán, que sin embargo se vio ingratamente sorprendido por las posteriores explicaciones de la hembra deseada:

—No me gustan los hombres iletrados; sería incapaz de gozar con alguien que no sintiera, además de pasiones físicas, inquietudes intelectuales. Y tú me has confesado que careces de interés por la lectura...

—Bueno, ya te lo he dicho, tengo poco tiempo libre...

—Pues para hacer el amor conmigo, has de prometerme ampliar tu cultura...

—Prometido, ¡no faltaría más!

—Y demostrármelo con hechos.

—¿Demostrártelo? ¿Cómo?

—Vamos a ver: ¿qué te gustaría leer? ¿Un Diccionario Enciclopédico Abreviado, una Historia de la Humanidad, una colección de los premios Planeta?...

—Así, de pronto... Tú ¿qué me aconsejarías?

—La Gran Enciclopedia Larousse, desde luego. Allí encontrarás respuesta a todas tus dudas culturales. —Cambió la voz y la puso de nuevo melosa, susurrante, dulcísima—. ¿De verdad vas a comprarla?

—Palabra de honor.

Marcela le colocó un beso tremendo, un beso mucho más que de película X. Anonadado, estremecido por la efusión, Sento apenas se dio cuenta de que la encantadora viuda sacaba unos papeles de la cartera que previsoramente había dejado sobre la cama y, ofreciéndole su bolígrafo de plata, le exigía:

—Las cosas, en caliente. Firma aquí.

Y en efecto, muy en caliente firmó Sento el contrato de compra, en cómodos plazos, de la Gran Enciclopedia, y todavía sin mucha noción de lo que hacía, porque la primera rúbrica mereció otro beso apasionado, aceptó las correspondientes letras de cambio. Guardó Marcela los documentos en su cartera, dejó una copia del contrato sobre la mesilla de noche y repitió el ósculo atornillado antes de pronunciar la palabra mágica:

—¡Poséeme!...

Hasta dos horas después no se enteró Sento de que la fácil conquista, fruto de su poderosa seducción varonil, de sus irresistibles encantos, le había costado 264 000 pesetas.

* * *

Don Niceto llegó temprano y pasó directamente a la habitación de Sento. En un rincón se apilaban ya los tomos del Larousse; se entretuvo en hojear uno cualquiera, el primero que se le vino a las manos, mientras esperaba a Sento, que estaba en el comedor, junto a la registradora, terminando de ordenar las facturas de las comidas.

—¿Cómo se te ha ocurrido comprar esta enciclopedia? —le preguntó, apenas le tuvo delante.

—He decidido ampliar mi cultura.

—Eso está bien; ya era hora de que te dejases de obsesiones pecaminosas, para buscar otras formas honestas de entretenerte. Lo celebro mucho.

—Algo es algo. Bueno: dejémonos de libros y cuénteme...

El cura comenzó a liar uno de sus cigarros; lo hacía con cuidado, con mimo, demostrando una destreza en el manejo del fino papel de fumar, hoy caída enteramente en desuso. Al mismo tiempo, iba relatando los resultados de sus pesquisas, los informes conseguidos de su amigo, el comisario. Para comenzar, Restituto Macías Va no se llama así, me refiero, Resti, sino Roberto; aunque, en sus tiempos de artista de circo, usó el seudónimo de *el Gran Resti* y continuó utilizando el nombre, a raíz de verse complicado en un asunto de contrabando, ¿será posible?, se excita Sento, ¡un traficante internacional!, no, en realidad, actuó como simple comparsa, casi podría decirse que le manipularon, el negocio gordo corría a cargo de un tal Braulio Marqués.

—¡Hola! ¡El de las manchas! Entonces, por eso...

—Por eso, ¿qué?

—Ayer estuvo almorzando aquí, con don Armando, el abogado, lo que quizá explique la posterior desaparición del Resti. Porque también desde ayer, a media tarde, no se le ha visto el pelo. Pero siga, siga...

—Sigo. Ese alijo pudo ser el único golpe importante de nuestro hombre; aunque el tal Marqués le falló y Resti, por su complicidad en la preparación, se pasó medio año en la cárcel, allá por el 72, es el solo delito de cierta importancia que aparece en su ficha policial, lo demás son minucias, hurtos, estafas de poca monta, de tal manera que bien puede decirse que no se trata de un delincuente peligroso, sino de un desvergonzado, un vividor; especialmente, un maestro del sablazo.

—¿Le parece poco?

—No, claro que no. Simplemente quería decirte que el Resti no es más que un golfo redomado.

—¿Y vamos a consentir que un golfo se case con Fina? ¡No, señor!

—En realidad —sonríe don Niceto—, tú no quieres que Fina se case con nadie...

—¡Hombre, tanto como con nadie...! ¿Qué más dice el informe? Porque habrá otras cosas, seguro...

—De mil novecientos setenta y seis a mil novecientos ochenta y uno, viaja por Hispanoamérica, con el circo donde actuaba. En febrero de ese último año, la compañía se disuelve, el empresario la deja colgada en Bogotá y desaparece con el dinero; no se sabe nada del Resti hasta que, un año más tarde, aparece en Málaga, como vigilante de un bar de camareras.

—Es decir, de matón: lo que le cuadra.

—Le has cogido de repente mucha manía... —vuelve a sonreír con sorna el cura.

—De repente, no; siempre me tuvo mosca.

—Porque sabías que engañaba a Fina, claro...

Sento se precipita en la respuesta:

—¡Naturalmente! Fina es una buena mujer, una santa, diría yo, aunque corta de luces y ese sinvergüenza le sorbió los sesos y se está aprovechando de ella y ahora lo veo claro, ni piensa casarse ni nada. ¿O usted no opina igual?

—Aunque con menos... vehemencia.

—A ver, siga contándome...

Hay poco más que contar. Consta en sus antecedentes que por los años 60, vivió amancebado con una tal Trinidad González, mujer de pésima reputación, mayor que él, dueña de cierto prostíbulo en Valencia, que Resti administraba, o sea, se irrita Sento, un chulo indecente, ¿y cuál es su situación actual?, porque le buscará la policía; hombre, tampoco es un criminal, vuelvo a repetírtelo, si quitas el asunto del contrabando, todo lo demás son faltas de escasa entidad, pequeños timos, artimañas para poder ir viviendo, explotando toda clase de trucos, algunos, por cierto, muy ingeniosos...

—¡Vamos, don Niceto, que parece su abogado defensor!...

—En el fondo, ese hombre me da pena. No es más que un tramposo, un desgraciado frescales sin escrúpulos; eso que solemos llamar un granuja.

—Que desde hoy mismo dejará de pisar mi casa.

Don Niceto le mira de hito en hito.

—No te precipites: piensa en la reacción de Fina.

—Sí, tiene razón —duda unos instantes—. Habrá que ir preparándola. ¿Puede dejarme ese informe? ¡Ah, es confidencial y reservado!... Ya entiendo. Pero contarle las aventuras de ese canalla sí que podré...

—Sin añadir nada de tu cosecha. Porque con las ganas que tienes de alejarla del Resti...

Suena la campanilla de la puerta.

—Ahí debe de llegar don Amalio —dice el cura—. Vamos al comedor. Y ni una palabra sobre el asunto; como si no hubiese pasado nada.

—Pero no podremos jugar la partida; ya le he dicho que Resti ha desaparecido...

Don Amalio es una de esas personas envidiables que nunca cambian de carácter, afable, educado, apacible, cordial, tiene la sonrisa a punto en todo instante, jamás se irrita, encuentra disculpas para todos los defectos ajenos, piensa que, en el fondo, la humanidad es buena y, con semejante modo de ser, resulta natural que tampoco se enfade al enterarse de que no hay partida. Siempre viene a pie desde su casa, media hora le cuesta, hoy hizo usted el paseíto en balde, lamenta don Niceto, qué vamos a hacerle, a mi edad es bueno estirar las piernas, lo que me parece raro es que, según me cuentan, don Restituto no haya avisado, ¿no le habrá ocurrido algo?, no lo creo, menudo pájaro, rezonga Sento, algo misterioso sí que lo he encontrado siempre, reconoce el catedrático; en fin, ¿por qué no jugamos los tres, aunque sea más aburrido?

Sento trae la caja de las fichas, son las cinco en punto, el reloj está dando las campanadas, con su sonido tristón, apenas perceptible y se abre la puerta de la calle y aparece Resti, serio, circunspecto, saluda tan campante, buenas tardes, disculpen el retraso, ¿se puede saber de dónde sale?, pregunta Sento, con muy malos modos, ya le contaré, se sienta, remueve las fichas, podemos empezar cuando quieran, dice sin inmutarse, pero don Niceto se dirige a él con cierta dureza:

—La señora Fina está muy preocupada; no sabe de usted desde ayer, a estas horas. ¿No cree que, antes de nada, debía ir a tranquilizarla?...

—Lo había pensado, naturalmente; pero no quería hacerles esperar... Con permiso.

Cuando se marcha, don Amalio se permite comentar, ciertamente ha sido un feo detalle, una falta de consideración, ratifica el cura y Sento, menos condescendiente, califica ¡una gorrinada, menudo tipo!, pero ¿ustedes dos no hacían muy buenas migas?, pregunta siempre candoroso don Amalio, el mesonero tiene que justificarse, ¡ese mangante es capaz de engañar hasta a su padre... si es que ha llegado a conocerle alguna vez!, vamos, vamos, no te pases, modera don Niceto.

En la cocina, Fina recibe con frialdad a su prometido, vamos a llamarle otra vez así, que ha saludado con un ¡hola! normal y corriente, como si no hubiese pasado nada.

—¡Vaya! Por fin apareció el niño perdido...

—Perdona; tuve que resolver un asunto imprevisto y grave —intenta darle un beso, pero ella lo rechaza, separando la mejilla—. Ya te explicaré...

—Siempre lo mismo: «Ya te explicaré, ya te explicaré.» Pero nunca me aclaras nada.

—Esta vez fue inevitable; de verdad. Aunque no te lo creas, ni siquiera pude llamarte por teléfono.

—Claro que no me lo creo. Cada vez me creo menos cosas tuyas.

—Haces mal en desconfiar. Tú y yo...

—Tú y yo tenemos que hablar muy en serio.

—Cuando quieras. Aunque ahora no puedo; me aguardan para la partida...

—Vete, vete... Que ya les has hecho esperar bastante.

Ya en la puerta, el Resti se vuelve a Fina y pretende estar jovial.

—Prepara tu cuestionario de preguntas, que todas te serán puntualmente contestadas. *Chao,* sirena mía, flor de lago...

Pero Fina, esta vez, no sonríe ante el requiebro. Está preocupada; está triste. Las mujeres, sobre todo, las mujeres enamoradas, siempre tienen presentimientos.

9. UNA VISITA SORPRENDENTE

No estaba Sento para bromas, antes al contrario, atravesaba de nuevo una fase de profunda depresión, la cosa no era para menos, por un lado el problema de Fina, de alguna manera habría que abrirle los ojos para que descubriera la catadura moral del Resti, a él, en el fondo, también le fastidiaba conocer el desairado currículum del imitador, tenía pasados muy buenos ratos en su compañía, incluso le debía favores de distinta especie y, como reconocía el mismo don Niceto, a fin de cuentas no era más que un frescales, un desaprensivo, aunque tal como está hoy el patio, sus granujerías apenas podían llamar la atención, cualquier concejal de pueblo resulta bastante más sinvergüenza, pero estando por medio el futuro de Fina, la cosa cambia, cómo va a casarse con un tipo semejante, eso él nunca lo consentiría.

Y para aumentar su desazón, el fracaso de la última aventura le tiene incomodado consigo mismo, la tal Marcela le engañó como a un pardillo, a sus años había picado con irritante candidez, ése era su problema, los años, porque a buenas horas, en otros tiempos, le hubieran volado cincuenta y tantos mil duros en un santiamén, con lo que le cuestan de ganar, y en definitiva, ¿para qué?, el revolcón fue un fracaso, se le produjo la inhibición, que llaman los siquiatras, Cela, nuestro ilustre Nobel lo dice mucho más claro, el gatillazo, ¡ay, Sento, Sento!, debes enfrentarte con la realidad, córtate la coleta y deja de hacer el ridículo, que ya no estás para semejantes trotes y tus hervores comienzan y acaban en la imaginación, sin decidirse a bajar desde el cerebro a las partes pudendas, harás mejor dedicándote al dominó y a tu restorán de dos tenedores y como te aconseja don Niceto, busca distracción en la lectura, empápate el Gran Diccionario, al menos así amortizarás el timo de la viuda.

Continúa con sus cogitaciones, apenas durmió anoche reflexionando sobre todo esto y se decía, por si algo faltase, he tenido que pagar los atrasos de la Seguridad Social de las camareras y darles de alta y regularizar sus salarios, así que tampoco merece la pena meterlas en la cama, que disfruten con carne joven, lo que yo necesito ahora es un retiro digno, bastantes juergas me corrí en mi vida, el día menos pensado comenzarán los achaques de la edad, los alifafes, cumplo los sesenta muy pronto, la próstata empezará a darme la lata, hay días que me levanto con un lumbago tremendo, sopitas y cuidados es lo que me hace falta, lo malo es que estoy muy solo, la soltería es buena únicamente durante cierto tiempo, claro que de eso te das cuenta demasiado tarde...

Sacramento, que es más lista que el hambre, ha comprendido que algo extraño sucede en la casa y que Fina intenta disimular su tristeza, cualquier charranada que le habrá hecho el Resti, imagina, y como la quiere y siente remordimientos de conciencia por haberla engañado, aunque sólo lo hiciera dos veces, culpa de su temperamento, que es frágil y más caliente que las tradicionales gallinas, ahora está bien arrepentida y procura extremar sus delicadezas con la cocinera, acaba de invitarla al cine, son las cinco y pico de la tarde, ande, señora Fina, vámonos a ver una película de Robert Redford, que está como un tren y, además, la invito también a pipas, que una sesión de cine sin pipas es más sosa que el señor Roca Chunchén...

—No, Sacramento; muchas gracias. Aún no he terminado de ordenar la cocina...

—Pues la deja así, que más desordenado está el país y a nadie le importa.

—¡Cómo eres!... Claro, la juventud...

—Déjese de lamentaciones y hágame caso, que lo suyo no se puede aguantar: siempre trabajando y trabajando, como si en la vida no hubiese otras muchas cosas que hacer...

Fina la mira con dulzura.

—Dime, ¿tú no has tenido nunca novio? Quiero decir, novio formal...

—Pues verá: novios, novios, he tenido muchos. Pero formal, o sea, con presuntas intenciones matrimoniales, sólo uno, el Andrés. Aunque después resultó el menos formal de todos...

—¿Le querías mucho?

—Más que la reina Juana a su marido, *el Hermoso.* Entre paréntesis y al respective, mi Andrés tampoco era ninguna tontería de hombre.

—¿Y por qué reñisteis, si puede saberse?

—Porque yo tenía dieciocho años y estaba en Babia y necesité que una amiga piadosa me contara la otra vida del Andrés, que me engañaba más que Felipe González al electorado. O séase, que mientras me decía que tuviese paciencia, porque sólo contaba con el subsidio de desempleo, se acostaba con una madura metida en carnes y no lo digo porque fuera obesa, sino porque tenía una chacinería en el mercado de San Miguel, que le resolvía el *modus vivendi* a cambio de un pluriempleo erótico... Así que le largué con un viento más fresco que el Guadarrama...

—Pero eras joven y bonita y sabías que no iban a faltarte otras proposiciones...

—¡Pá qué las chirlas! ¡Así de abundantes! Aunque el charrán de Andrés me vacunó contra el peligro nupcial y todavía no se me han pasado los efectos...

—Sinceramente, ¿no hay momentos en que te encuentras demasiado sola?

—Que es mejor que mal acompañada. En todo

caso, echo mano del listín telefónico y galán al canto.

—Porque sigues siendo joven y bonita.

—O me marcho a ver una película de Robert Redford, que es lo que vamos a hacer usted y yo ahora mismo...

—¡Si es que no me apetece!...

—¿Que no le apetece Robert Redford? ¡Venga, señora Fina, que el mozo está para perderse en la concupiscencia!...

Le agarra del brazo y tira de ella con fuerza.

—Bueno, mujer, ¡no achuches!... —Mientras se arregla el pelo con las manos, suspira—: ¡Cómo envidio tu juventud!

—No se me ponga trágica, que ya quisiera la Zsa-Zsa Gabor tener los años de usted y acaba de casarse con su noveno marido.

—Sí, ya lo he leído; dice que éste le traerá suerte.

—Pues yo siempre creí que la suerte estaba en el décimo...

Le agarra del brazo y salen, entre risas, por la puerta de atrás.

* * *

La cena estuvo poco animada. Contra su costumbre, pues no era cliente de noche, se presentó en el restorán el subsecretario, con la compañía familiar habitual y los imprescindibles escoltas y encargó un menú ligerito, ten en cuenta que mañana intervengo en el Congreso, de modo que necesito llevar la mente despierta, Sento le dio el jabón de siempre, es usted un talento, don Marciano, gracias, gracias, se trata de una actuación importante, y soy consciente de mi responsabilidad histórica, como representante del pueblo, que me otorgó su confianza en las urnas.

Luisita estaba nerviosa, de tal forma que también cenó poco, una ensalada de endivias y un filete muy fino a la plancha, una pallarda, eso es, y se pasó el rato inquiriendo detalles de la intervención del subsecretario:

—¿Y por qué tienes que dirigirte a los diputados?

—Cosas de la oposición, que a veces da la lata; el tal Ramallo ha planteado una pregunta al gobierno.

—¡Pero qué curioso es ese señor!... —se quejó Feliciano.

—Quiere que se le justifique el destino de varios millones... Nada, una minucia, cincuenta y tantos, que figuran en las cuentas de mi departamento como «gastos privados».

—Pues si son privados, ¿qué demonios le importa lo que has hecho con ellos, cariño? —argumentó Luisita, con aplastante lógica.

—Sin embargo, no quiero que exista la menor reticencia acerca de mi gestión; así que voy a dar toda clase de explicaciones.

—Eres demasiado blando; debías mandarle a la porra.

—Eso supondría dar la razón a quienes, con manifiesto ánimo calumnioso, pretenden que nuestra gestión pública no resulta transparente y cristalina.

—Pero para algo tenemos la mayoría absoluta: para hacer lo que nos dé la gana. ¿O no es así?

—En realidad, podría eludir la contestación, pero soy el primero en desear claridad, claridad y claridad. Para lo cual he preparado una respuesta contundente. Atended un momento...

Ante el espanto de los demás, sacó del bolsillo unas cuartillas mecanografiadas. Al observar el gesto de Luisita, tranquilizó:

—Es muy breve; tan breve como luminoso...

Feliciano, su primo y secretario particular, cumplió en seguida con su obligación de pelota primero:

—Veréis qué réplica tan demoledora y, sobre todo, tan diáfana.

Bebió don Marciano un trago de agua mineral, carraspeó discretamente y comenzó a leer:

—«La homologación del gasto privado dentro del

contexto presupuestario del departamento produce una inflexión normal en las partidas crediticias del haber, que tan sólo la alienación de sectores residuales de obsoleto talante puede ignorar. En definitiva, nos hallamos ante la justa utilización de recursos marginales, aplicados a conceptos ornamentales y de consumo, indispensables en la gestión pública, los cuales inciden en parámetros usuales en todas las democracias occidentales, donde son aceptados con un consentimiento franco.»

Dobló las cuartillas, pasó la vista complacido sobre sus compañeros de mesa.

—Es el comienzo de mi discurso. ¿Qué tal? ¿Verdad que dejo las cosas perfectamente aclaradas desde un principio?

—Aclaradísimas —respondió, tan tranquila, Luisita—. Sin embargo yo cambiaría lo del «consentimiento franco»: la oposición puede sacarle punta.

—Muy bien visto, querida, muy bien visto; no había caído en el peligro de una interpretación torticera. Diré «consentimiento real».

—Mucho más apropiado, en efecto —celebró Feliciano.

—Confío en ganar la votación...

—Pero, querido, ¿no sois siempre más que el resto? Así, cualquiera...

—Sin embargo aspiro a conseguir el reconocimiento pleno de la impoluta administración de los gastos en mi departamento...

Feliciano había pedido ya la cuenta; le dio un somero vistazo antes de devolverla firmada y comentarle a Sento:

—Ha subido el precio del rioja, ¿eh?

—Sí, señor; de todos modos, sigue siendo barato, en comparación.

—¿En comparación con qué?

—Con otro más caro.

Cuando se marchó el mesonero, don Marciano, asombradísimo, interrogó a su secretario:

—Pero ¿es que repasas las cuentas que pagamos en el ministerio?

—Alguna que otra.

—Enhorabuena, Feliciano. —Y dirigiéndose a las mujeres—: He aquí un insólito ejemplo de celo profesional...

—A propósito —intervino Luisita—, ¿en cuánto quedó por fin mi abrigo de ocelote?

—Esa factura no la vi; los gastos estrictamente personales no los verifico.

—Lógico; son recursos marginales.

—Como muy bien vas a explicar en tu discurso.

—Exactamente.

Coincidiendo con la marcha de don Marciano y compañía, se hizo un silencio admirativo en el comedor. Su causa, la llegada de una espléndida muchacha, no tendría más de dieciocho o diecinueve años, alta, por lo menos 1,78, quizá 1,80, para mayor sugestión, vestía el uniforme paramilitar de una empresa de seguridad, con minifalda y guerrera abierta y pistola al cinto, todo en azul claro, llevaba la gorra de plato ladeada, con mucha gracia y tenía los ojos muy grandes, muy negros y las pestañas rizadas, y, cuando se destocó, pudo vérsele el pelo moreno, recogido en un moño con resonancias flamencas. Curiosamente, tras ella apareció don Romualdo Cañizares Pardezuela, en divertido contraste de altura y de edades y saludó con alborozo a Sagrario, la primera que se le acercó, besándole en la mejilla.

—Buenas noches, don Romualdo... Bien venido...

—Bien hallada, dulce galaica —señaló a la señorita estupenda—. Te presento a mi novia.

Sagrario, sin duda por la impresión de la noticia, sólo supo cuadrarse ante el uniforme y decir:

—¡A sus órdenes!

—He reservado mesa...

—Sí, señor; aquélla... ¿Le parece bien?

—Excelente. —Se dirigió a la señorita estupenda—. ¿No te parece?

Ella hizo un mohín de indescifrable significado y fueron hacia la mesa y se sentaron y a los pocos segundos llegaba Sento, a quien don Romualdo abrazó con efusión.

—¿Qué tal ese viaje?

—Bien, bien. Pero el extranjero se me ha quedado pequeño; la próxima vez quiero ir más lejos. Antes que nada tengo el gusto de presentarle a Bubi. Es mi novia. ¡Sí, hombre, no ponga esa cara! ¿Verdad que somos novios? —preguntó a la señorita estupenda; ella se limitó a responder que sí.

—Pues... qué le voy a decir. Enhorabuena.

Naturalmente, se le notó el asombro, no podía ser de otra manera y el veterano de dos guerras se sintió obligado a dar explicaciones, ya sé lo que estará pensando, que Bubi puede ser mi hija, no, por Dios, don Romualdo, no pensaba eso, ¡vamos, vamos, no sea mentiroso, dígame la verdad!, pues la verdad, lo que pensaba era que podía ser su nieta, a la chica no le hace ninguna gracia, tampoco es para tanto, oiga, que el amor no tiene edad, efectivamente, los ejemplos recientes son muy abundantes, justamente, y el veterano se esponja de orgullo, Bubi me ama de veras, ¿no es así, cielito?, dice que quiere disfrutar a tope de mi caliente otoño, le aseguro que soy dichoso, mi querido Sento, que estoy viviendo una segunda juventud...

—Lo celebro mucho, pues ya sabe lo que se le aprecia.

—Y yo a usted; naturalmente, mi novia conoce lo bien que se portó conmigo en mis tiempos de precariedad... Por cierto, que también debo a la fortuna económica el haberla encontrado; como le expliqué, siempre llevo conmigo el dinero y para el viaje, naturalmente, contraté una escolta personal en una agencia de seguridad, para que me acompañase y tuve la inmensa suerte de que me colocaran a Bubi como guardiana.

—Una suerte, en efecto.

—Vamos a casarnos muy pronto; en cuanto comercialice mi nuevo invento...

—Un afrodisíaco, supongo.

—Nada de eso; la cartelera semanal de huelgas y manifestaciones. Indispensable para viajar por el país sin llevarse desagradables sorpresas. Una guía absolutamente necesaria para industriales, comerciantes, turistas y ciudadanos en general. ¡El gran *best-seller* del año! Se va a vender más que *El péndulo de Foucault*; y, además, esto lo van a leer.

—Gran idea, en efecto.

—Como todas las de Romito —dice Bubi, agarrándole la mano.

—Me llama así siempre... —justifica don Romualdo.

Y encargan la cena, angulas muy picantes, pero don Romualdo, sugiere Sagrario, ¿no será demasiado fuerte para la noche?, nada de eso, lo toma Bubi, yo también lo tomo, porque estamos compenetrados, y luego, callos a la madrileña, ahora nos sirves dos cubatas bien cargaditos de ginebra y, después, un buen rioja, la camarera llega muy preocupada a la cocina, ¡pobriño, con lo mucho que aquí le queremos todos y lo poco que va a durar!, mientras, él tontea con la señorita estupenda, cielito, cuento uno a uno los días que faltan para nuestra boda, a mí me parecerán siglos, dice la novia, ¡qué juvenil inquietud!, es la ventaja de llevar unas relaciones honestas, como las de antes, sin experiencias prematrimoniales, quién sabe si, en su subconsciente, el veterano de dos guerras no está pensando que las probaturas podrían resultar muy peligrosas en su caso.

Sacramento tiene a su cargo las mesas cuatro y cinco; en la cuatro se sienta un gordinflón de esos que llevan la barriga como mascarón de proa, le comienza a la altura de las costillas flotantes y dibuja una semiesfera, mejor, una figura ovoide, que desciende mansa y fofamente hasta encima del mismo pubis y, por lo que a la cabeza se refiere, cubre la manifiesta calva por el sistema de persiana, esto es, dejándose muy largos los pelos del cogote, para llevarlos sobre el cráneo, mediante un ensortijado laboriosamente concluido, a base de gomina. La vecina mesa cinco está ocupada por una señora también madura, de parecida edad que el tripucho, es decir, sobre los cincuenta y tantos, con la boquita pintada de rojo chillón, un peinado de los que parecen cuidadosamente despeinados y tal cantidad de rímel en las pestañas postizas, que los ojos de huevo los tiene enrojecidos e irritados por el natural picor.

El rechoncho sorbe la primera cucharada de la sopa de ajo que Sacramento acaba de servirle, pero sin tomar las debidas precauciones, pues notorio resulta que tan castellano condumio siempre se presenta ardiendo y, como no podía menos de suceder, se abrasa los labios y ahoga un quejido y después resopla y busca remedio para el quemazo, haciendo buches, el muy mal educado, con el agua mineral. La vecina de mesa, la señora cursi, sonríe sin el menor disimulo ante la desgracia del barrigón, reacción muy ibérica en tales casos y, en el colmo de la indiferencia, saca un cigarro genuinamente americano de la cajetilla. Entonces el quemado, sin aparente resquemor por el solaz de la dama ante su percance, se levanta, mechero en mano, pero el aparato falla reiteradamente y ella le excusa, gracias, no se preocupe, tengo fuego, sobre todo en la mirada, responde él, ¡qué ojos, Dios mío, qué ojos!

—Pues total, sólo son dos.

—¿Qué más tiene usted a pares?

—Las manecitas, los bracitos, las orejitas, las piernecitas y...

—¡Basta! Me lo imagino.

—Le advierto que soy una mujer decente —precisa la cursilona.

—Me lo temía.

—¿Es que no le gustan las mujeres decentes?

—Todo lo contrario; me gustan mucho.

—A mí, no.

—Pues ya es de agradecer, en estos tiempos.

—Caballero, me imagino que su sopa ya se habrá enfriado...

—En cambio, yo noto un ardor aquí, a la altura del corazón...

Sacramento interrumpe el diálogo sin demasiados miramientos:

—¿Me facilita un poco de espacio vital para servir el repollo?

Y al retirarse la camarera, el mollejón vuelve a la carga.

—Señorita...

—Señora —le corrige, muy digna.

—Porque usted lo quiere.

—Hasta cierto punto...

Se envalentona el tripudo:

—¿Me permite compartir mesa y mantel?

—Si sólo es eso...

—De momento, sí.

—Entonces, vale.

Y hasta le indica con un gesto la silla inmediata y el ventrudo traslada desde su mesa el plato y los cubiertos, aunque sin intentar seguir con la sopa de ajo, quizá tenga dudas acerca de su temperatura o prefiere continuar con el palique, con permiso, ha dicho al sentarse, por cierto, señora, ¿cuál es su gracia?, ella sonríe con recato, ninguna, soy una sosa, no, aclara el obeso, me refiero a su nombre de pila, ¡ah, disculpe la confusión!, me llamo Dolores, para servirle, aunque todos me dicen Lola, pues yo soy Alejandro, qué bonito, parece de novela de Pérez y Pérez, que en paz descanse...

—¿Le gustan las novelas de amor?

—Ya lo creo; pero sólo las que acaban bien.

—¿Es que el amor tiene alguna vez mal fin?

—No sé qué quiere que le diga...

—Pues dígame que le gusto y en paz.

—¡Por Dios, qué atrevido eres!... ¡Huy, perdón! Se me escapó el tuteo...

—Déjalo correr, Lolita, que me suena a gloria en tus labios, esos labios que están diciendo, ¡besadme!

—Te advierto que un beso de amor no se lo doy a cualquiera.

—Pero yo no soy un cualquiera; yo soy agrimensor.

—¡Oye! ¿Eso de agrimensor no será nada verde?

—Es el oficio que mejor me cuadra, porque te voy a tomar las medidas...

Lo que le toma es la mano, para depositar en ella un ósculo apasionado, con pequeño recorrido hasta los dedos en toda su extensión, falange, falangina y falangeta, sea esto dicho sin ánimo de politizar la efusión, que corta bruscamente Sacramento, al llegar con el segundo plato y como la sopa de ajo del galán y el repollo de la dama siguen intactos, pregunta con cierto enfado profesional:

—¿Qué pasa? ¿No les ha gustado?

—Sí, sí —justifica Lola—. Pero es que no tengo mucho apetito.

—Tampoco yo —corrobora el seboso.

—¡Vaya! Entonces, el segundo...

—¿Tú qué has pedido? —se interesa Alejandro.

—Criadillas de cordero...

—¡Reveladora coincidencia de gustos! Lo mismo que yo.

La camarera no está para melosidades, de forma que casi exige:

—Bueno, ¿se las sirvo o qué?

—Sí, claro, por favor...

Mientras la extraña pareja entrelaza sus manos, Sacramento quita los primeros platos y sirve los segundos y al marcharse les dedica, con mucha guasa, un ¡que les aproveche! y la cursi baja la mirada para decir al panzudo, es que me has quitado las ganas de comer, tú, en cambio, replica él, poniendo los ojos en blanco, aumentas mis apetitos, ¡calla, bribón, que me sacas los colores!, a mí me estás sacando de quicio, ¡reina mora!, no me digas semejantes picardías, ¡sultán!, se manosean intensamente.

Sento sale de la cocina, llevaba allí un buen rato de charla con Fina, gastándole bromas porque la sabe afligida, además el comedor no está animado, los de costumbre y poco más, no se pierda aquella parejita de senectos de la cuatro, le advierte Sacramento, que han ligado, para que después digan de la tercera edad. Sento los mira, ¡caramba!, exclama y va hacia la mesa, donde Alejandro le está proponiendo a la seducida, ¡Lola, llévame al tálamo! y la engatusada protesta, ¡qué palabra más fea!, quiero decir al goce, a la dicha, al paraíso, vuelve a besarle la mano con arrobo, así los sorprende el mesonero, y muy campechano se dirige a ellos:

—¡Caramba, caramba, doña Lola y don Alejandro, tanto bueno por esta casa!

—Pero ¿qué hace usted aquí? —se extraña el galán, sin disimular cierto enfado.

—¿No sabían que este restorán es mío? ¡Claro, como nunca salen del barrio, ni casi de la droguería!... Ya veo que están los dos estupendamente; y más enamorados que nunca, a pesar de la veteranía. Vamos, que son un matrimonio ejemplar...

—Muchas gracias por el cumplido... —dice la veterana, sonriendo forzadamente. El marido tiene en este momento cara de mala uva.

—¿No beben nada? ¡Ah, eso sí que no! La casa los invita a una botellita de sidra, que voy a tener el gusto de servirles personalmente, en atención a nuestra vieja amistad. Aunque hacía mucho que no nos veíamos, siempre recuerdo aquellos tiempos, cuando tanto frecuentaba su droguería. Por cierto, ¿qué tal va el negocio?

—Regular. Como todos.

—Vengo en seguida, ¿eh? Un minuto...

Cuando se aleja, Alejandro se queja, nos ha fastidiado el número el muy cretino, también es casualidad, ya te decía, recrimina Lola, que esto era una estupidez, a los treinta años de casados no tiene sentido que quieras seducirme como si fuese una desconocida, ¿cómo tengo que explicártelo, querida?, se trata de recobrar la ilusión, la rutina destruye los matrimonios, tú es que no lees ni tienes cultura sexual, hace falta el aliciente instigador, lo que se llama el elemento sorpresivo, a propósito, ¿llevas la combinación salmón que te regalé ayer?, sí, contesta ella con fastidio, y el liguero carmesí, que por cierto es incomodísimo.

El entusiasta marido toma un paquete que tenía debajo de la mesa y se lo entrega a la resignada esposa, ¿y esto qué es?, pregunta ella.

—Un delantal y una cofia.

—¡Pero si no tenemos chacha!

—¡Ignorante! Es para ti; otro aliciente instigador. Al llegar a casa, te lo pones; yo haré como que vengo de la calle y llamaré a la puerta, vestido de fontanero. Entonces tú me recibes tal que si fuera un desconocido, ¿dónde está la avería?, te preguntaré y me llevarás al cuarto de baño y te diré, ¡qué pena que no sea usted grifo, para ponerle la mano encima!, harás como que te enfadas, insistiré; bueno, y así sucesivamente. ¿Comprendes el argumento?

—Lo que comprendo es que estás majara, querido...

Ha regresado Sento; descorcha la botella de sidra, sirve tres vasos, levanta el suyo:

—¡Porque su fidelidad conyugal sea eterna! —brinda, solemne.

—Aunque menos complicada, ¿no te parece, Alejandrito?

* * *

Las camareras estaban terminando de aviar el comedor; hacía cuentas Sento en el mostrador, junto a la registradora, con mal gesto, porque la noche resultó floja; y dentro, en la cocina, Resti y Fina atendían la lavadora y fregaban las paellas y limpiaban la vajilla, hasta dejarlo todo como los chorros del oro, era el diario orgullo de la cocinera, incluso en sus malos momentos, éste era uno, pues ya había tenido unas palabras con su prometido, seguiremos llamándole así por última vez, cuando él se permitó insinuar, descaro nunca le faltaba, que aquel menester resultaba impropio de su categoría y varonil dignidad.

Justo terminaba Sento de comprobar la recaudación y se disponía a apilar los billetes muy ordenadamente, según colores y consiguiente valor, lo de las monedas resulta ahora más engorroso, cada vez son más distintas y más pequeñas e incómodas, cuando se abrió la puerta de la calle, las chicas habían olvidado echar el pestillo y entró una señora de buena facha, algo exagerada de joyas, quizá, y dijo con acento suramericano (sin duda estaría recién llegada, de ahí que se atreviese a circular por el Madrid nocturno con semejantes alhajas):

—Buenas noches. Disculpen, ¿éste es el restorán que llaman «El Orgullo de la Huerta», no es así?

—Sí, señora; pero hace rato que hemos cerrado —le indicó Sacramento.

—Ya supongo, pero no vengo a cenar.

Entonces se acercó Sento.

—Soy el propietario. ¿En qué puedo servirla?

—Dígame, ¿trabaja o, más bien dicho, viene por aquí diariamente, según tengo entendido, quien dice llamarse Restituto Macías Va?

—Efectivamente.

—¿Se encuentra en el local en estos momentos?

—Creo que sí... —vaciló antes de responder.

—¿Tendría la amabilidad de avisarle?

—Pero no sé si él...

—No se preocupe por él; acudirá en seguida, seguro.

Sento se dirigió a Sagrario:

—Por favor, vete a ver si está en la cocina —y a la señora de acento suramericano—. ¿De parte de quién?

—De su esposa.

A Sento se le cayeron los billetes que acababa de clasificar; Sagrario, que iba ya camino de la cocina, se detuvo para girar en redondo; a Sacramento se le escapó un «¡jolines!», cargado de chulería barriobajera.

—¿Ha dicho... su esposa? —quiso cerciorarse Sento.

—Justamente. O como suelen llamar ustedes acá, su mujer. —Ordenó, con autoridad, a Sagrario—: Por favor, señorita, no se demore...

El mesonero le hizo un gesto para que siguiera su camino, y Sacramento se fue con ella. La señora apuntó media sonrisa al decir:

—Comprendo su extrañeza; pero sí, el conocido por Resti es mi marido, exactamente desde el veintitrés de setiembre de mil novecientos ochenta y uno, fecha de nuestra boda ante el juez pedáneo de Santa Flora, una aldea del sur de Colombia.

—¿Es usted de allí? —preguntó Sento, por decir algo.

—Nací en Bogotá, de madre española y padre italiano. Me crié en México. Pero he viajado tanto, que me considero ciudadana del mundo.

—Ya. Artista.

—¡No, por favor! —Ahora se rió abiertamente—. Digamos... financiera. Roberto, me refiero a *el Gran Resti,* sí que era artista de circo.

—Es una de las pocas cosas que sabemos de él...

—Tampoco yo conocía mucho más de su vida cuando nos casamos. Entonces pensé que era un flechazo; ahora comprendo que no pasó de una estupidez. Aunque a usted debe constarle la capacidad de persuasión de ese sujeto; casi tan grande como su desvergüenza.

Resti aparece por la puerta del fondo. Intenta mantenerse imperturbable, pero un constante parpadeo delata su nerviosismo. Saluda con aparente naturalidad, hola, María Estela, hola, hombre, le contesta ella, ¿qué sorpresa, verdad?, te encuentro muy bien, quizá algo más grueso, tú estás bellísima, como siempre, halaga Resti, pero la imprevista esposa le corta con crudeza, no empieces, que me sé tus letanías y ya no me causan efecto, por cierto, muy emocionante tu carta de despedida y como todo lo tuyo, muy... sincera. ¡Eres un miserable!

—Hay ocasiones en que las circunstancias de la vida... —intenta defenderse.

María Estela no le deja continuar:

—¡Otra de tus muletillas! ¿A cuántas has engañado en estos años con tus historias? Porque me han dicho que tienes novia, novia para casarte...

—Servidora.

Lo ha dicho Fina, que llegó sin que los demás lo advirtieran; detrás, a pocos pasos, temerosas, confusas, Sagrario y Sacramento. Sento se le acerca y le toma cariñosamente por el brazo.

—Las chicas no han podido disimular —explica la cocinera—. ¡Me quieren tanto, las pobrecillas!... Entonces, comprenderá que quiera conocer a la esposa de... éste.

—No es lo que tú piensas —balbucea Resti, que pide a la mujer—: Explícaselo tú...

—¿Para qué, señora? ¿No le parece?

—Sí: ¿para qué? —María Estela le habla con dulzura—. Perdóneme el daño que le estoy haciendo.

—Usted no, ¡por Dios! Usted tiene todos los derechos...

Resti todavía pretende justificarse:

—No es lo que piensas, Fina. Las cosas...

Y es ahora Sento quien le interrumpe, enérgico como nunca, absolutamente violento:

—¡Cállese! Pero ¿a qué extremos de indignidad es capaz de llegar?

—Es que existen ciertos detalles...

—¡Le digo que se calle! —le agarra por las solapas, fuera de sí—. ¡Y ahora mismo se marcha de esta casa! ¡Ahora mismo, si no quiere que le eche a patadas!... ¡Vamos! ¡Fuera de aquí!

Resti duda unos segundos, pero la mirada de

Sento no ofrece dudas sobre la verdad de sus amenazas; así que camina hacia la puerta, para cruzarla en silencio. Fina no puede resistir más y cae sobre una silla; todos la rodean y Sento intenta consolarla:

—Tranquilízate... Comprendo que para ti haya sido un golpe muy doloroso; pero más vale que lo hayas sabido a tiempo. —Le ofrece un pañuelo—. Anda, sécate las lágrimas.

—Déjela llorar; le hará bien —dice María Estela—. Nadie como yo puede comprender su estado de ánimo... Pero pasa; créanme, pasa. Y después, cuando sólo queda como un mal recuerdo, hasta se agradece... —Ahora le habla a Fina, con mucha ternura, con evidente afecto—: Lamento de corazón haberle tenido que dar este disgusto. ¿No me guarda rencor?

—Al revés, señora; siempre le estaré agradecida por haberme abierto los ojos. Estaba ciega; ciega y engañada...

—Yo también lo estuve, a pesar de mi experiencia. Porque era mi tercer matrimonio.

—¡Es un canalla! —increpa Sento.

—Ni siquiera eso; es un desgraciado —le ofrece la mano a Fina—. De verdad, ¿amigas?

—Claro que sí...

—Es usted muy buena...

Cuando se marcha, nadie se atreve a hablar.

* * *

—¿Cómo sigue Fina?

—Más animada; bastante más animada.

—Ya te dije que el tiempo es la mejor medicina para los desengaños.

—Claro. Y eso que no han pasado más que diez días. En fin... don Niceto, ¿hace una copita de chinchón?

Desde que ocurrió lo que ocurrió, don Niceto está pendiente de Fina y la visita todas las mañanas, ella también fue una tarde a la parroquia, seguramente confesaría, pues volvió con mejor ánimo y el cura no se la ha contado, pero ya conoce la historia entera del Resti, se quedó huérfano de niño, aquello del padre sargento de la Legión era una de sus mentiras, anduvo en muchos empleos miserables, hasta colocarse en el circo y allí vivió tranquilo varios años, tenía éxito con sus imitaciones, ganaba dinero, verdad es que se lo gastaba en seguida, hasta que ocurrió lo de Colombia, el empresario se fugó con la caja, quedaron todos en la calle y malvivió una temporada, entonces apareció María Estela.

Rectifico: María Estela ya era conocida suya, estando casada con su segundo marido iba con frecuencia al circo, él era un magnate del café, andaba también en sucios negocios de narcotráfico, ella, en realidad, estaba harta, se aburría en aquel pueblo que resultaba ideal para encubrir el tráfico ilegal del magnate, quien en cambio viajaba de continuo, así las cosas no puede extrañar que durante sus ausencias mantuviera un romance, llamémoslo por lo fino, con el simpático, atractivo, seductor imitador de aves, mamíferos y ruidos centrífugos, cuando se divorció fue a buscarle, se había encaprichado, quería legalizar su situación...

Se casaron ante un juez de aldea, al que hubo que sobornar, medida normal por aquellos pagos, ya que al Resti le faltaban documentos, la boda es posible que no fuese válida, las primeras semanas las pasaron viajando por México, lo de costumbre, Cancún, Acapulco, Cuernavaca y después se quedaron a vivir en Bogotá, pero a nuestro hombre le fastidiaba el afán de mando de su esposa, comenzaron las discusiones, en los momentos de mayor crispación, ella echaba por delante su dinero, qué sería de ti sin mis pesos, ¿dime?, además el clima le sentaba fatal, en fin, al medio año puso tierra por medio, naturalmente aprovechando unas alhajas de María Estela para viajar a España en clase preferente, como un señor, y para alojarse al principio en buenos hoteles, pronto se terminaron las reservas y volvieron los apuros, y los timos y lo del alijo con Braulio Marqués y demás trampas que ya sabíamos, hasta que un encuentro casual le hizo conocer a Fina...

—Pues sí, Sento; verás cómo dentro de nada es una mujer nueva. ¿Te sabría mal servirme otra copita?

—¡No faltaría más, don Niceto! Oiga, ¿de verdad piensa que se olvidará de ese mamarracho?

—Seguro. Bueno: si entre todos la ayudamos. Sobre todo, tú.

—¿Yo?

—Tú, claro. ¿O es que todavía no te has enterado de lo mucho que supones para esa buena mujer?

—¡Repalleta! ¿Qué quiere insinuar?

—¡Pero qué burro eres! Anda, piensa, piensa en lo que acabo de decirte...

Todos, en efecto, se están volcando con Fina. Ha llegado Sacramento y le ha entregado un paquetito de la pastelería, tome, son trufas de nata, que ya sé que le gustan mucho, efectivamente, soy una golosa terrible y por eso estoy así, lo que está usted es guapísima, qué buena eres conmigo, a lo mejor son remordimientos, calla, no recuerdes ciertas cosas, que ya pasaron, a Sacramento se le suben los colores, no la entiendo, vamos, vamos, que yo soy ingenua hasta cierto punto y me enteraba de todo, de lo tuyo, que fue tan corto y del *foulard* que le regaló la golfa aquella y de tantas otras faenas...

—Es usted más buena todavía de lo que yo pensaba...

—Todo lo contrario. He sido una gran egoísta, hasta el punto de olvidar mi dignidad, haciéndome la tonta. Pero la soledad es mala consejera. ¿Te acuerdas que una vez hablamos de eso? Y más aún, la soledad de una mujer como yo, que quería agarrarse desesperadamente a su última oportunidad, aunque para ello hiciese falta retorcerse el corazón...

—¿Le quería mucho?

—Ahora comprendo que no; don Niceto me lo ha

explicado muy bien, me ha ayudado mucho a serenarme. Lo mío no era más que amor propio; amor del otro, la verdad, no lo hubo nunca...

Entra Sagrario, trae también una caja y se la ofrece a Fina, son trufas de nata, las que prefiere, ¿verdad?, y al momento llega Sento, viene escondiendo en la espalda una caja, ésta muy grande, lo menos de dos kilos, buenos días a todos, saluda muy eufórico, ¿qué tal va eso?, ella responde, ¿el sofrito?, marchando, ¡qué sofrito ni qué gaitas!, que cómo estás tú, pues muy bien, gracias a Dios, así me gusta, duda, vacila, está dándole vueltas a la caja que tiene entre las manos, pues verás, al pasar por la confitería de aquí al lado, ¡che, se te hacía la boca agua mirando el escaparate! y me he acordado de que tú eres muy *llépola,* como decimos en el pueblo, y total... toma, son trufas de nata.

A Sagrario y Sacramento les entra la risa y entonces aparece Juan Luis, trae también un paquete en las manos, ¿qué llevas ahí?, pregunta Sacramento.

—Eso, ¿qué llevas? —insiste Sagrario.

Y el chico, extrañado por semejante curiosidad, aclara:

—Los pantalones de deporte y el chandal; cuando termine de trabajar pienso ir a dar unas carreras por la Casa de Campo.

Naturalmente, no comprende las risas de Fina y de sus compañeras, que han coincidido al exclamar, como si se les quitara un peso de encima:

—¡Menos mal!...

10. FINAL FELIZ

Don Romualdo Cañizares Pardezuela entra en el restorán cogido del brazo de su Bubi; pero en esta ocasión no se agarra por meras razones de cariño, sino que la está utilizando como báculo, sostén o apoyatura. Don Romualdo Cañizares Pardezuela debe de padecer lumbago, quién sabe si gota, porque camina con cierto esfuerzo y se sujeta los riñones y suspira con satisfacción al acomodarse en la silla. Sacramento, que tanto le aprecia, sonríe por puro compromiso a la novia, vestida como siempre de uniforme, para interesarse en seguida por el veterano de dos guerras y fecundo inventor.

—¿Le ocurre algo?

—No, nada. Que anoche estuvimos bailando rock.

—No sabes lo bien que ya lo hace —elogia Bubi.

—Vaya que sí; me cimbreo mejor que Elvis Presley, que en gloria esté.

—Pues nada, felicidades. ¿Quieren la carta?

—No es necesario —dice la novia—. Paella de conejo para los dos.

—Antes, haz el favor de traerme un vaso de agua y bicarbonato.

—Sí, señor. ¿Algún aperitivo?

—Un cubata. Bueno, dos; para Romito, también.

—¡Pero, Bubi, si acabo de pedir bicarbonato!

—Razón de más...

—En fin, que sea lo que Dios quiera. —Indica a

la camarera—: Dile al señor Sento que quiero hablar con él.

—No está.

—¿Ves? —reprende Bubi a su otoñal amor—. Ya te advertí que veníamos a comer demasiado pronto.

—¡Pero, cielito, si es que estoy muerto de hambre! —Y explica—: Ahora cenamos todas las noches ensalada de lechuga, con Coca-cola light.

—Has de perder cinco kilos.

—¿Y no crees que para eso bastará con el rock?... —Otra vez a la camarera—: Supongo que el señor Sento no tardará...

—¡Qué quiere que le diga! Últimamente ha cambiado bastante de costumbres.

Efectivamente, Sento ha cambiado mucho. Desayuna más temprano, él mismo se sirve el vaso de leche, pues no era correcto, ahora lo comprende, que Fina le viera en pijama, y en seguida se marcha a pasear, una horita todos los días, el ejercicio es muy saludable a ciertas edades y además le conviene perder peso. Como no hay partida de dominó, bien que lo siente y está buscando con ahínco el cuarto jugador, duerme una siesta corta, la cual le reconforta y le tonifica y, después, repasa por encima la Gran Enciclopedia Larousse, escogiendo aquellas voces que más le interesan, con lo que consigue mejorar sus conocimientos de cultura general, que buena falta le hacía y, además, descubrir palabras sorprendentes, como por ejemplo, morondanga, que significa, ¿a que ustedes tampoco lo sabían?, revoltijo de cosas inútiles y sin valor.

Sus nuevos hábitos le han devuelto optimismo y hasta jovialidad y tiene que agradecer a las camareras su colaboración, pues parecen haber comprendido que lo pasado, pasado está y nunca más volvieron a insinuarse en mal plan, bien es verdad que Sagrario tiene medio novio, un muchacho andaluz muy majo, técnico en informática, que se saca tres mil pesetas a la hora, ahí es nada. Y Sacramento, bueno,

Sacramento no cambiará nunca, sale con un alemán muy rubio y muy fuerte, aunque ya se supone con qué fines, allá ella y su cachondería, después de todo es joven e independiente y ya dice la Constitución que, en este país, cada cual es muy libre de hacer lo que le venga en gana, al menos así se lo ha oído explicar a don Marciano.

Por lo demás y desde que don Niceto le hiciera aquella insinuación, más que eso, fue una indirecta muy clara, está dándole vueltas al tema y, ahora que lo piensa, es verdad que Fina siempre le demostró mucho afecto, tuvo desde que eran jóvenes detalles significativos, también está cargado de razón el cura cuando le dice que ha sido un burro, no darse cuenta, con lo guapetona que siempre fue y que todavía sigue siendo, un poco llenita, pero él tampoco tiene talle de avispa, que digamos, los dos están muy solos, tal para cual, la solución es clara.

Pero le da mucha vergüenza, Fina conoce al dedillo su mala vida, sus guarrerías, sus francachelas, y parecía enamorada del golfo de Resti, puede suceder asimismo que le guarde rencor por no haberse fijado nunca en ella, ciertamente jamás la consideró como mujer, sólo como colaboradora, socia, cocinera, eso quizá no se lo perdone, además, a estas alturas, le da un no sé qué arrancarse con una declaración, seguro que quedaba en ridículo, no le saldrían las palabras. Y, sin embargo, cada día que pasa le apetece más la idea, ¡repalleta, Fina se lo merece!, y a él le está haciendo muchísima falta una compañera así, tan buena, tan hacendosa, aunque no esté sobrada de luces, lo compensa con sus virtudes, pero no se decide, no se atreve, no acaba de aventurarse...

Aquella tarde, terminaban de marcharse los últimos clientes, estaba en el mostrador sumido en meditaciones y bebiendo un coñac, dos actividades perfectamente compatibles, y Juan Luis y las chicas también se habían ido y apareció Fina, muy compuesta en traje de calle, siempre servicial, así que preguntó:

—¿Quiere algo de mí, señor Sento?

—No, no... —respondió maquinalmente, aunque en seguida rectificó—: Digo, sí, sí que quiero...

—Usted dirá.

Salió de detrás del mostrador, buscando en su cabeza pretextos para la conversación.

—Verás... Creo recordar que no hemos repasado las existencias a final de mes; claro, con todos los líos...

—No se preocupe; lo hice yo.

—Estás en todo... Y ¿qué tal?

—Solamente andamos un poco cortos de arroz.

—Es natural; recuérdamelo mañana.

—Pero ¿es que no va a acordarse?

—No sé qué quieres que te diga; llevo una temporada con muchas preocupaciones. ¿Tú no tienes preocupaciones? ¡Perdona, qué tonterías digo! Se me van las ideas; deben ser los años.

Se acabó de un sorbo el coñac que quedaba en la copa.

—Cuídese. Y no beba tanto, que eso es malo. Bien; hasta la noche...

—¡Espera, espera! ¿Qué tenía yo que decirte? ¡Ah, sí! El sábado viene a almorzar don Marciano, con cinco personas más; quieren arroz abanda.

—¡Pero si todavía estamos a miércoles!

—¿Todavía? No te digo; pierdo facultades, Fina; me hago viejo.

—Como todos.

Le echó valor para decir:

—Tú, no. Tú estás mejor cada día; mejor que hace treinta años. —De pronto recordó algo—: ¡A propósito! Tengo que enseñarte una cosa... Ven...

Le agarró de la mano, para llevarla hasta su cuarto. Buscó en los cajones del secreter, hasta encontrar una foto que había rescatado la víspera del baúl de los recuerdos, en uno de sus ataques de nostalgia, tan frecuentes últimamente. Era una fotografía de ellos dos, allá por 1960, frente a la iglesia de Alfafar, jóvenes, delgados, sonrientes...

—¡Mira!... —le dijo con entusiasmo—. ¿Te acuerdas?

—*Mare de Déu!* Ayer, como quien dice; nos la hicimos el día de la patrona, al salir de misa. Porque usted, entonces, iba a misa...

—Hacemos buena pareja, ¿no te parece?

—Hacíamos. Porque con los kilos que he metido en este cuerpo serrano...

—¡Che, que yo tampoco puedo presumir de línea! De modo que, los dos gordos, seguimos haciendo una buena pareja...

—Para la propaganda de una medicina contra la anemia.

—A ti ya te gustaba mucho cocinar. Aquel año ganaste el primer premio en un concurso de paellas...

—Y a usted ya le tiraban las faldas. Por entonces andaba revolcándose, y dispense el modo de decirlo, con Vicentica, la hija del tío Botigueta. Y con la Pura y la Encarnación y aquella rubia del Palmar, a la que llamaban de mal nombre, *la Gaviota*.

—¡Repalleta! No sabía que me tuvieras tan controlado. Claro que también tú..., tú coqueteabas con Batiste; y le gustabas un rato...

—Eso es verdad; no le ocurría como a otros.

—¿A quiénes?

Fina pone sordina a la respuesta:

—Pues eso... A otros...

—La verdad es que lo pasábamos bien en el pueblo. —Enciende un cigarro, porque se ha puesto nervioso. Y se anima a recordar—: Por cierto, que entonces nos llamábamos de tú...

—Natural. Vecinos y amigos desde pequeños... Después, usted se fue a la mili y anduvo unos años por Murcia, vendiendo no sé qué cosas, y cuando volvió a Alfafar y me llamó para trabajar en la tasquita, pues ya era el señor amo...

Sento se rasca la calva; está pensando.

—¿Sabes lo que te digo? Que vas a volver a tutearme.

—¿Así, de repente?

—¡Repalleta! Pues claro que sí.

—Como usted mande... —Sonríe—. Quiero decir, como tú mandes...

—Eso está mejor. Porque con lo que tú y yo nos queremos... —se embarulla, se atolondra con las palabras—. Bueno, me refiero a que nos apreciamos mucho... Pues hablándonos los dos con la misma confianza, hay cosas que se pueden decir más fácilmente...

Y ella pregunta, haciéndose la ingenua:

—¿Qué cosas?...

—Las cosas de importancia..., las cosas serias... —No sabe por dónde salirse—..., las cosas del negocio... ¡che!, las cosas...

—Ya comprendo. Las cosas.

—Hablando de cosas, ¿estás tranquila? Porque ese granuja del Resti te había comido el coco...

—¡Pues anda que a usted! —En seguida rectifica—: Perdona; a ti también te tenía entontecido.

—Tienes razón. De verdad, de verdad, ¿no le echas de menos?

—¿Te soy sincera? Un poquito.

—¿Cómo un poquito? ¿A semejante golfo?

—Golfo y todo lo que usted... lo que tú quieras. Pero a las mujeres nos gusta que nos regalen los oídos. Y que nos mimen.

—¡Pero si ese sinvergüenza lo hacía todo de boquilla!...

—Ya lo sé. ¡Aunque a falta de alguien que lo haga de corazón!...

Sento aplasta en el cenicero el cigarro, recién encendido, se afloja el nudo de la corbata, comprende que sería el momento ideal, perfecto, para manifestar sus intenciones, pero se le ha hecho un nudo en la garganta, la turbación le domina, no se atreve, no se atreve, no se atreve...

—Bueno, bueno. —La reacción resulta estúpida—.

Hasta luego; no vengas tarde, que esta noche habrá faena...

—Hasta luego..., Sento.

Cuando ella sale, se sirve otro coñac, lo bebe de un trago y reconoce, casi a gritos:

—¡Soy un imbécil!...

* * *

Don Niceto había terminado de decir la misa y estaba despojándose en la sacristía de las ropas de celebrar, bajo la silenciosa mirada de Resti. Sí, de Resti, que de pie, callado, pensativo, con una carpeta de documentos en la mano, aguardaba en medio de la sala. Acabó de desvestirse el sacerdote, hizo la señal de la cruz y dio la vuelta para quedar frente al imitador.

—Pues usted dirá...

—Primeramente, debo darle las gracias por acceder a recibirme...

—Nunca he desoído la llamada de un necesitado, y usted lo es. No me refiero, por supuesto, a necesidades materiales...

—Es verdad. —Cambió el tono de voz, para interesarse—: Antes que nada, ¿cómo está Fina?

Don Niceto le miró, muy fijo, y respondió, con gran naturalidad:

—Muy bien.

—¿Muy bien? —se extrañó Resti—. Pues vaya, me alegro; porque, aunque usted no lo crea, le tengo un gran cariño. Es buena, afectuosa, inocente...

—Sobre todo, inocente.

—Lo que le he hecho ha sido una canallada; sí, ya sé que para todos carezco de credibilidad. Pero le juro...

—No se debe jurar en vano.

—¡Créame, por Dios! Si le pedí que me recibiese, si supliqué esta entrevista, fue porque necesitaba hablarle honradamente, echar fuera de mí muchas angustias que me atormentan...

—Eso se llama remordimientos; algo poco frecuente en usted.

—Efectivamente, no pretenderé negarlo. Nunca tuve escrúpulos, pero ahora no me dejan vivir. Y no me mire así, don Niceto, que estoy siéndole absolutamente sincero.

El sacerdote se desabrocha el cuello de la sotana, acerca una silla.

—Hablaremos mejor sentados, ¿le parece?... Porque imagino que la conversación resultará más bien larga...

—Muchas gracias; con su permiso...

Se sientan los dos.

—Le anticipo que sus protestas de compunción no me impresionarán demasiado. Quiero hechos...

—Desde luego. Para comenzar, sepa que mi boda con María Estela fue tan irregular, con papeles falsificados y soborno, que puede anularse fácilmente; así que...

El cura le interrumpe con dureza:

—Así que nada. Eso no importa; no importa en absoluto.

—Por supuesto, no es que yo pretenda... ¡Por favor! Ni se me pasó por la imaginación...

—Aclarado este punto, puede seguir...

—Cuando conocí a Fina, yo era un hombre acosado, destruido; días hubo en que incluso pasé hambre física. ¡Y me resultó tan fácil embaucar a la pobrecilla! Después, a medida que la fui tratando, sentí por ella un cariño creciente... No, no; no intento decir que llegase a enamorarme; pero Fina se hace de querer, de tal modo que más de una vez me remordía la conciencia...

—Lo disimulaba a la perfección...

—Estoy avergonzado, créame; como nunca lo estuve en mi vida. Y quisiera ser capaz de poder reparar mi infamia... ¡Déjeme acabar, se lo suplico!, que no es lo que está pensando. De sobra sé que entre Fina y yo jamás podrá haber ni siquiera un diálogo;

aunque me gustaría que ella supiese cómo lamento el daño que le hice.

—La contrición debe completarse con el espíritu de enmienda...

—Lo tengo; la lección ha sido muy dura, hasta para un descastado como yo. No se puede ir por la vida atropellando los sentimientos de los demás...

—Tardó bastante tiempo en darse cuenta; pero, en fin, si esas buenas intenciones se cumplen, casi habrá que darlo todo por bien empleado. Pues también Fina ha sacado conclusiones muy positivas de su desdichada relación con usted; ya conoce el dicho, Dios escribe recto con renglones torcidos.

—Entonces, ¿superará el disgusto? ¿Se recuperará? —Su interés parece sincero.

—Con toda seguridad. Y pronto.

—Me tranquiliza mucho saberlo.

Resti se pone en pie y da unos pasos; hace una pausa, antes de continuar:

—Otra cosa: como debe saber, tengo en mi poder unas acciones y ciertos valores que compré con su dinero...

—La famosa administración de bienes...

Toma el cartapacio que dejó en la silla, y se lo entrega al sacerdote.

—Devuélvaselos; no deben ser más que suyos. Ahí va, firmado en blanco, el vendí de todas las acciones que estaban a mi nombre. Devuélvale también esta llave; es asimismo suya. Las cincuenta y tantas mil pesetas en billetes que encontrará junto a los demás papeles corresponden a la última entrega que me hizo, para que las invirtiera. Faltan exactamente once mil trescientas veinte; en cuanto me sea posible, se las reintegraré, también por mediación de usted...

Don Niceto toma la carpeta, se levanta y, sin abrirla, la deja sobre la cómoda de la sacristía. Se acerca a Resti y le coloca una mano sobre el hombro.

—Así me gusta. Comienzo a creer en su conversión.

—Ya le dije que le hablaba con el corazón en la mano. Estoy dispuesto a ser otro hombre; y se lo deberé a Fina...

—Dios lo quiera. ¿Tiene previsto algún trabajo?

—Buscándolo estoy; pero no resulta fácil encontrarlo, a mi edad y con mis antecedentes.

—A lo mejor, puedo ayudarle.

—¡No sabe cuánto se lo agradecería!

—Por supuesto, siempre y cuando confirme con actos sus buenos deseos...

—Ya lo verá, don Niceto, ya lo verá...

El cura saca su petaca y comienza a liar un pitillo.

—Si le soy sincero, creo que, a pesar de todo, le echaré de menos en el dominó —dice, sin levantar los ojos del papel de fumar que está enroscando sobre el tabaco.

—Nunca tanto como yo a usted.

Finalizada la labor emboquilladora, pasa con cuidado la lengua por la línea engomada, coloca el cigarro en los labios y lo enciende con calma.

—No olvide facilitarme algún teléfono donde pueda localizarle...

—Ahora mismo. —Con muchísimo respeto, suplica—: Perdón, ¿podría darme un cigarro? O mejor dicho, hacérmelo, porque yo no sé...

Don Niceto le mira, extrañado:

—Pero usted no fumaba...

—Ya. Aunque ahora he pensado que, si cambio de costumbres para bien, tampoco estará de más que lo compense, haciéndolo para mal con estos pequeños vicios...

* * *

La mañana es tibia; cuando Sento llega, ya don Amalio le está aguardando, en el lugar acordado, la puerta del Retiro que da a la calle Sainz de Baranda, no me diga que me he retrasado, dice, mirando su reloj, nada de eso, le tranquiliza el catedrático, fui yo el impuntual, pues también lo es quien llega antes de la hora convenida, ¡qué alegría verle de nuevo!, también yo lo celebro mucho, ya que, entre pitos y flautas, llevamos más de mes y medio sin dominó. Como buen matemático, don Amalio precisa, cincuenta y dos días exactamente, que llevo la cuenta...

—¿Damos una vuelta o prefiere que nos sentemos en algún chiringuito?

—Nos vendrá mejor a los dos estirar las piernas...

Echan, pues, a caminar hacia el antiguo paseo de coches y don Amalio se interesa por el personal de «El Orgullo de la Huerta», sobre todo, obviamente, por la señora Fina, don Niceto, a quien he seguido viendo con alguna frecuencia, ya me informó del desarrollo de los acontecimientos, ¡menuda pieza resultó el tal Resti, con lo simpático que parecía!, además, nos ha dejado sin partida, no puede imaginarse lo que la echo en falta...

—Espero que podamos reanudarla pronto.

—¡Magnífica noticia! ¿Y quién será mi nuevo compañero?

—A lo mejor, persona de mucha categoría: el señor Buero Vallejo, el dramaturgo, que tengo entendido que es un excelente jugador. Y si quisiera acompañarnos...

—Sería un gran honor...

Cruzan el paseo, van hacia el estanque, Sento no se decide a plantear el tema que motivó la cita, se anda con circunloquios, ¡vaya, vaya, don Amalio!, le encuentro estupendamente; en efecto, llevo una buena temporada, desde que mandé a la porra el tratamiento que me había puesto el médico del Seguro, es lo que suele ocurrir, y la buena tarde que nos hace, ¿qué me cuenta del tiempo que estamos teniendo?, fenomenal, sí, señor. El catedrático, al cabo de diez minutos de charla insustancial, no tiene más remedio que comentar, perdone, amigo Sento, esta mañana, cuando me llamó para citarme aquí, dijo que tenía que consultarme algo muy importante, efectivamente, don Amalio, así es, pero es que ahora no sé cómo empezar, me encuentro confundido, me resulta embarazoso decírselo, don Amalio le anima, ¡hombre de Dios!, ¿no va a tener confianza conmigo?, claro que la tengo, pues entonces, vamos allá...

Y Sento se detiene y su amigo, también, y ambos coinciden en sus miradas y el mesonero tartamudea, al preguntar:

—¿Usted cómo se declaró a su novia?

—¿Cómo dice? —Don Amalio, naturalmente, se sorprende mucho.

—Lo que ha oído: necesito que me explique qué hay que decir cuando se piden relaciones a una mujer...

El buen catedrático sonríe y se le enciende en los ojos la nostalgia y reconoce, francamente, ya no me acuerdo, piense que llevo cuarenta años casado, más siete de relaciones, porque Amalia y yo nos hicimos novios cuando todavía estudiaba la carrera, imagínese, después de tanto tiempo, por favor, haga memoria, suplica Sento, que es muy importante para mí...

—En realidad, no se trata de decir nada especial; eso de las frases rebuscadas en semejantes trances, se queda para las novelas. Por lo general, cuando llega el momento, uno y otra están ya al cabo de la calle, sienten recíproca atracción, de modo que no es preciso hablar mucho. A veces, basta una mirada, un apretón de manos, para que la chica diga «sí»...

—Es que en este caso la chica ya no es tan chica...

—¡Ah, caramba!...

Y el Sento se rasca la calva, prueba evidente de que recapacita, dándole trabajo a la sesera.

—De modo que, según su criterio, la cosa puede resultar sencilla...

—¡Pero, hombre, claro que sí! Le repito que las formalidades son obvias, ya que se supone que ambas partes están tácitamente de acuerdo. —Hace una pausa, antes de decidirse a preguntar—: Oiga, y si no lo considera indiscreción, ¿quién es el indeciso enamorado?

—Agárrese, don Amalio: servidor...

El catedrático, siempre discreto, sólo acierta a exclamar un ¡hola! cargado, naturalmente, de asombro. Sento se explaya en justificaciones, comprenderá mi querido amigo, que esté más nervioso que un colegial, a mis años verme en semejante trance, me preocupa el ridículo, imagínese si me dieran calabazas, por cierto, usted también conoce a la interesada y don Amalio, alma de Dios, ingenuo, candoroso y despistado, mete la pata hasta el corvejón, sí, comenta, ya me habían hablado de sus coqueteos con alguna de las camareras, pero nunca pensé que la cosa fuera en serio. Sento rectifica apresuradamente, no van por ahí los tiros, disculpe el desliz, se arrebola el catedrático, ¿cómo he podido pensar?, por favor, excúseme, no encuentro palabras para justificar mi yerro...

—Nada, nada; disculpado. Se trata de Fina.

—¿La cocinera? Eso está mejor; pero que muchísimo mejor. Permítame que le felicite. Aunque... —vacila, ante el temor de volver a columpiarse—..., aunque, ¿no tenía cierta relación con el individuo de marras, el tal Restituto?

—Cuestión olvidada. En realidad, mire, no quisiera parecer vanidoso, pero Fina está colada por mí desde que era así de chiquitita... y así de delgada.

—¡Pues entonces no lo dude ni un segundo! Sobrarán las palabras. Dígale, sencillamente, ¿cuándo nos casamos? Y sanseacabó, sin más retóricas...

—¿Seguro, seguro?...

—Ya lo verá.

Se estrechan fuertemente las manos, agradece Sento el consejo y antes de despedirse, don Amalio confirma su buena impresión:

—Mi más sincera enhorabuena; creo que hace usted muy requetebién...

* * *

Fina va y viene por la cocina, acaba de poner a hervir un cazo con leche, saca brillo a las paellas, dispone la leña, y así en pleno ajetreo la encuentra Sento, que ha entrado de puntillas, con la excitación metida en el cuerpo y, para quitársela de encima, ahueca la voz y vocifera, al saludar:

—¡Muy buenas!

Ella, que estaba de espaldas, ahoga un grito, ¡qué susto me has dado!, pues eso no es nada, comenta él, que ahora viene lo bueno, ¡toma!, le entrega un pequeño estuche que ha sacado del bolsillo, ¿qué es esto?, míralo y así te enterarás, ¿no te parece?, Fina abre el estuche, dentro hay un anillo de pedida, muy bonito, dice, procurando dominar el nerviosismo.

—¿De veras te gusta?

—Ya lo creo. ¿Para quién es?

—¡Repalleta, léelo, que por dentro van los nombres!...

Casi temblando, saca el anillo del estuche y, en un balbuceo, musita «Fina y Sento» y él, atropellándose, le pregunta, ¿comprendes lo que quiere decir?, ella sólo acierta a contestar con su nombre, Sento, Sento, lo repite otra vez más, con infinita ternura y se le saltan las lágrimas cuando se abrazan y por fin se besan, un beso largo, muy largo, un beso que recupera tantos años de deseo contenido, de ilusiones amordazadas, de esperanzas por fin cumplidas.

Ni se enteran de que la leche ha hervido lo suficiente y se desparrama desde el cazo, formando burbujas blancas.

* * *

De la puerta de «El Orgullo de la Huerta» cuelga otra vez el letrero que ya se usó cuando el tercer aniversario, recuerden que dice «Cerrado por fiesta familiar», y hoy es más verdad que nunca, hoy se casan la señora Fina y el señor Sento y el comedor se ha transformado en sala-exposición de los regalos de boda, muchos y muy variados han recibido, pues todos les quieren de corazón y se han alegrado con las nupcias, otoñales pero radiantes, la frase es de don Romualdo Cañizares Pardezuela, que será el padrino y les obsequia con un televisor, último modelo, doce canales, mando a distancia, de la más moderna tecnología japonesa, como repite de continuo el veterano de dos guerras, que estrena para el acontecimiento un traje gris marengo, cruzado, y camisa de seda, y corbata en tonos serios, ya sé que no es la moda, precisa, pero hay que respetar las formas clásicas en solemnidades tal cual ésta.

Las camareras les regalan una cubertería de plata de ley, han hecho el gasto con su mejor voluntad, también colaboró Juan Luis, en la medida de sus posibilidades, y don Marciano envió un juego de café, y su primo y secretario particular, un jarrón chino que, al parecer, vale un buen dinero, pero que no le gusta a nadie, y don Amalio, el juego de tocador, es de alabar, porque el catedrático jubilado no puede permitirse dispendios excesivos, habida cuenta de la cortedad de su pensión, y don Armando, el abogado, regala una caja de tabaco, de plata alemana, seguro que se trata del recuerdo de un cliente agradecido, pero, al fin y al cabo, es un detalle y los amigos de Alfafar también se volcaron, desde un camisón de seda rosa, naturalmente de gran tamaño, hasta un cuadro de la Santa Cena, en relieve, de todo mandaron los paisanos.

Además, esto sí que tiene mérito, dos docenas han venido desde el pueblo para asistir a la ceremonia, alquilaron un magnífico autobús de la empresa Esteban Rivas, con tele y aire acondicionado y bar y todas las comodidades, sólo faltaba el bidet, comenta, entre risotadas, Pepe Monzó. Y se arriesgaron a meterse en carretera, lo cual supone mucho valor, pues la N-III, así se le conoce en la jerga administrativa, está hecha un desastre, lleva en obras cinco o seis años y los que le quedan, de modo que ofrece el índice más alto de peligrosidad de la red nacional, pero todo se lo merecen estos amigos, ¿cómo íbamos a faltar en día tan señalado? La señora Concha, la yaya, que pasa de los ochenta, también se ha desplazado y va repitiendo a cuantos la quieren oír, que no son muchos, porque la anciana es una pelma, yo siempre dije que estos dos acabarían casándose, lo dije desde que eran unos *chiquets* y es que lo que a mí se me escape...

Ha venido asimismo, naturalmente, la hermana de Fina, Ascensión, guapetona, está de buen año, o séase, culigorda, tetuda y barrigona, es viuda de Nelo Bacora, que tuvo una mercería en Alfafar, si bien mayormente ganaba el dinero con un campito de arroz que le dejaron sus padres, aunque era tan tacaño, que nunca quiso tener hijos por lo que cuestan y a su mujer le pasaba a diario la cuenta de la plaza y le controlaba el gasto del vestuario, incluidas las bragas, tres por semana, que cambiárselas todos los días es un despilfarro y una inmoralidad. Así que cuando falleció por una infección de hemorroides purulentas, se había negado a que le trasladasen a ninguna clínica, son unos ladrones, repetía, Ascensión comenzó a disfrutar de la vida, hace de esto cinco años y ha rejuvenecido y está dichosa y tan agradecida a su difunto por haberla dejado en paz, que le dice una misa todos los meses, el día cinco, fecha del afortunado óbito.

Ascensión será la madrina y aclara a los presentes que su regalo no llegó a tiempo, ya que todo ha sido tan precipitado, pero en el pueblo están acabando de bordarle a su hermana una mantelería muy requetepreciosa, con naranjas y *barraquetes* y otros motivos de la huerta, todo hecho en punto de cruz y, cuando le presentan a don Romualdo, se esponja y se engalla y coquetea, menuda pareja de padrinos hacemos, opina entre sonrisas seductoras. Sacramento le explica, en un aparte, el señor tiene novia, un guayabo, no se lo puede imaginar, ¡*Mare de Déu,* cómo está el mundo!, comenta la madrina y el veterano de dos guerras, siempre gentil, le regala los oídos con sus cortesías, si no fuese porque uno está comprometido, de esta boda podía salir otra y usted ya me entiende, doña Ascensión...

Hay un regalo que nadie sabe de quién procede, sin duda se perdió la tarjeta, es un precioso buqué de flor de azahar, lo que lamento, se conduele Fina, es no poder agradecerlo al que lo haya mandado, ya nos enteraremos, desde luego es de mucho gusto. Los invitados miran y remiran la exposición, que ocupa una larga mesa, formada con las del comedor debidamente unidas y cubiertas por un lienzo blanco, y Chimo, el secretario del ayuntamiento de Alfafar, no pierde ojo del envoltorio donde vienen las tracas, una boda sin tracas ni es boda ni nada, en vez de tirar arroz, como hacen ahora, por seguir la moda de los americanos, lo que hay que hacer es quemar pólvora, ahí está la alegría y la buena suerte y el toque de valencianía.

A todas éstas, don Niceto tiene dispuesta la iglesia como en las grandes solemnidades, toda su iluminación lucirá esplendorosa y ha colocado la alfombra granate, desde la misma puerta y el altar mayor está cubierto de flores; él se revestirá con la vieja casulla con bordados de oro sobre azul, nada de esas capas que ahora se llevan, una casulla preconciliar, de cuando la Santa Madre Iglesia guardaba las formas y realzaba como se debe la grandiosidad del sacramento. Está nervioso el buen cura; nervioso porque quiere a los contrayentes, son muchos años de amistad, muchos disgustos y muchos sinsabores, hasta que, por fin, su querido Sento vuelve al redil, seguro está también de que Fina le hará feliz en lo que le reste de vida y pulirá el diamante en bruto que siempre fue su dilecto compañero de dominó.

Pero sus nervios se agudizan, por culpa del organista, no el músico, sino el mecánico; ya es mala suerte que aquella misma mañana se estropease el armonio, pues para órgano en regla no da la humilde parroquia. Algo le ocurre a los fuelles, el aparato no funciona, ¿cómo voy a casar a Sento sin marcha nupcial?, sólo faltaría eso, con lo reacio que siempre fue al matrimonio, es capaz de decir después que la boda ha tenido vicio de nulidad. Juan Luis, que está con él desde primeras horas de la mañana, ayudándole a dejarlo todo dispuesto, intenta tranquilizarle, don Niceto, si hace falta, yo mismo tarareo el himno ese, escuche, ta-ta-tatá...

Entonces se le enciende al cura la lucecita en la mollera, ¿cómo no se me había ocurrido antes?, y ordena a Juan Luis, no te muevas de aquí, voy a llamar por teléfono y regreso en seguida, ¿qué hora es?, todavía faltan cincuenta minutos, espérame, ¿eh?, si viene alguien que se vaya acomodando. La primera fila, ya sabes, es para los testigos...

* * *

Sento llega a las doce menos diez. Va vestido de esmoquin, hecho a medida, aunque intentó alquilar uno, total, se había dicho, para no ponérmelo más, no deja de ser un gasto inútil, pero no encontró ninguno de su talla, son los inconvenientes de estar tan grueso. Baja del coche, que éste sí que es de alquiler y ayuda a hacerlo a la madrina, su próxima cuñada, Ascensión, la cual encuentra ciertas dificultades de movimiento, por culpa de la modista, empeñada en ajustarle demasiado el traje, como me descuide, esto revienta.

En la explanada, frente a la iglesia, esperan los invitados, todos de punta en blanco, muchos estrenan vestido, las mujeres especialmente, así, Luisita, que no deja de fumar, pese a que don Marciano le ha recordado que debe guardar las formas, por muy agnóstica que sea. Los guardaespaldas, a discreta distancia, cumplen con su obligación de proteger al subsecretario. También van de nuevo la mujer de Feliciano y Sacramento y Sagrario, que no paran de hablar, en el fondo se las comen los nervios, ahí es nada, ver al amo casado, después de todo lo que retozaron con él, pero así es la vida y esto es lo lógico, a fin de cuentas, nadie engañó a nadie y están tan dispuestas a olvidar el pasado, que las dos se han confesado, no con don Niceto, ¡qué vergüenza!, sino con un cura joven que les recomendaron, en una iglesia de Aluche, que no le da importancia a los pecados de la carne, tres padrenuestros y a otra cosa, pero cuidadito con la reincidencia, les dijo, muy simpaticón y comprensivo.

Fina es puntual: a las doce menos un minuto está bajando del coche, don Romualdo le ofrece la mano y, después, se agarra de su brazo y cruzan la doble fila de invitados, sonriendo a unos y a otros, aguantando la emoción a duras penas. Entra la comitiva en la iglesia y se escuchan los sones de Mendelsohn, por fin se resolvió el problema del armonio y don Niceto aguarda a la pareja al pie del altar mayor, con su mejor sonrisa, henchido de gozo, ni puede ni quiere disimularlo, y comienza la ceremonia.

La novia deja sobre el reclinatorio el buqué de azahar, de ignorada procedencia; desde lo alto del coro, discretamente oculto tras el armonio, protegido por la semioscuridad del lugar, el remitente sonríe satisfecho, al comprobar que su regalo acompaña a la desposada en momento tan trascendental. El remitente es Restituto Macías Va, Resti para los amigos, Roberto en su D.N.I., a cuyas prodigiosas facultades vocales recurrió don Niceto para suplir el fallo del instrumento musical. Y el imitador de aves, mamíferos y ruidos centrífugos cumple a la perfección con el encargo, acompañando determinados pasajes de la misa con dulces e inspirados arpegios, que llenan de júbilo al sacerdote. Ya sabía él, vaya si lo sabía, que la conversión del Resti en persona decente era auténtica; por eso le autorizó a enviar las flores a la novia, bajo un secreto casi de confesión.

Bubi, que va vestida de punky, con los pelos de

punta, minifalda de cuero y muchas cadenas, chapas, abalorios, hasta un collar de perro en el brazo, sigue la misa junto a Luisita, quien después de escuchar la homilía de don Niceto, entrañable, cargada de emoción, algunos han llorado con sus palabras, se sincera con ella y reconoce, a media voz:

—Oye, pues bien mirado, esto de casarse por la Iglesia queda muy bonito...

—Pero es demasiado largo, tía. Yo, con mi Romito, por lo civil...

—Bueno; no sé si el pobre sería capaz de aguantar otra ceremonia...

Y es que don Romualdo, ahogado de calor, sofocado por el cuello de la camisa, que le viene estrecho, bufa y rebufa, sopla y resopla, pasa y repasa el moquero por la frente perlada de sudor.

A Sacramento le ha dado llorona y de rato en rato bisbisea un ¡jolines!, seguido por cualquier comentario acerca de la emoción del acto y Sagrario también tiene los ojos enrojecidos, a lo mejor es envidia, le ha dicho por lo bajo a su compañera, ¡no digas majaderías!, se enfada la otra. Feliciano, que está muy serio, procura responder las preces con algunos segundos de retraso, para coger onda y que parezca que se las sabe, y le comenta a su mujer:

—¿Cuándo viene lo de preguntar si alguien sabe de algún impedimento?...

—¡Inculto! —le reprende ella, que, sin que su marido se entere, va de vez en cuando a la iglesia—. Eso ya no se dice en la liturgia actual.

—¡Qué lástima! Tenía tanto suspense...

Desde el altar, don Niceto ora por la paz:

—Señor Jesucristo, que dijiste a tus apóstoles, mi paz os dejo, mi paz os doy... —Para dirigirse después a los fieles—: La paz del Señor sea con vosotros. Daos fraternalmente la paz.

Don Amalio, que está junto al señor subsecretario, ofrece a éste su mano. Y don Marciano, muy asombrado, se extraña:

—¿Es que usted se marcha?...

Ha terminado la ceremonia. Llegan nuevamente desde el coro los dulces sones de la marcha nupcial. Sento y Fina, cogidos del brazo, muy juntos, muy sonrientes, caminan hacia la puerta de la iglesia, devolviendo saludos y guiños de afecto. Ya fuera, en la explanada, los invitados se arremolinan junto a ellos y les vitorean y las mujeres besan a la novia y ella reparte las flores de azahar; por el estrecho ventanuco del coro, Resti contempla el espectáculo y se indigna consigo mismo, porque le vienen a los ojos unas lágrimas, pocas pero suficientes, no sabe si de contrición o de alegría. Don Niceto rebosa júbilo y el padrino, veterano de dos guerras, no puede más y se desabrocha el cuello de la camisa, eso sí, pidiendo las naturales disculpas.

Don Marciano llega junto a Sento, le estrecha con afecto entre sus brazos y comienza a colocarle una de sus peroratas:

—Es obvio, mi dilecto amigo, que la efemérides que estamos compartiendo incide muy especialmente en el positivo afecto que siempre te he dispensado...

Entonces estalla la traca. Chimo la ha colocado, sin que nadie lo advirtiese, a lo largo de la explanada y acaba de prenderle fuego y el aire se llena de explosiones y de humo y de resplandores, entre el entusiasmo de los viajeros de Alfafar. Pero los escoltas del señor subsecretario, nada al tanto de las costumbres valencianas, se temen lo peor y desenfundan sus pistolas y corren junto a don Marciano y le rodean protegiéndole, entre el cachondeo y la guasa de los invitados.

—Tranquilos, tranquilos... Se trata de un encomiable hábito vernáculo, indispensable cuando se reúnen personas procedentes de la ubérrima Comunidad Valenciana —los tranquiliza el subsecretario.

A Luisita le ha dado una risa histérica y Feliciano está blanco como la cera. Sin apercibirse del miedo que acaban de pasar, Ascensión, la madrina, les recomienda:

—¡Aspiren, aspiren el humo de la pólvora, que es una delicia!...

Don Romualdo, en funciones de padrino, anuncia:

—¡Y ahora, señores, todos al restorán! ¡Al banquete!

Se cuelga del brazo de Bubi, a la que, curiosamente, la traca le ha divertido muchísimo y suben en uno de los coches, mientras el grupo de viajeros se acomoda en el autobús. Fina y Sento se han quedado, por fin, solos. Don Niceto se les acerca.

—¿Me creeréis si os digo que éste es uno de los momentos más felices de mi vida?

—Que Dios se lo pague, don Niceto... —lloriquea la recién casada.

—Bueno, dejaos de monsergas y vámonos a casa, que después de la comida tenemos que jugar un dominó —dice Sento—. Ya verá, ya, cómo le dan a las fichas mis paisanos...

El cura le agarra por el brazo.

—Por fin me siento orgulloso de ti, Sento...

Y él, mirando con embeleso a su mujer, dice, henchido de satisfacción:

—Ésta... ésta sí que es *el orgullo de la huerta.*

Madrid-Navacerrada, primavera-verano de 1991.

APÉNDICE GASTRONÓMICO

Por gentileza de la razón social FINSESA (Fina y Sento S. A.), nueva titular del restorán «El Orgullo de la Huerta», constituida por consejo del ilustre letrado don Armando de la Encina, a efectos de desgravación fiscal y para mejor consolidación de los bienes gananciales, ofrecemos las recetas de tres de las más celebradas especialidades de la casa. Que les aproveche.

PAELLA VALENCIANA

(para cuatro personas)

Pollo, aceite, ajo, tomate, pimiento colorado molido, verdura *(garrofó),* caracoles, azafrán y arroz.

Se corta un pollo de buen peso, en varios pedazos, se le pone sal, se vierte un decilitro de aceite de oliva en una paella mediana y, cuando esté muy caliente, se echa el pollo y se sofríe durante cinco minutos. Después se le agrega un tomate exprimido, cortado en pedacitos, un ajo picado, *garrofó,* una cucharada de pimiento colorado molido y 400 g de arroz, añadiéndosele un litro de agua caliente. Cuando esté hirviendo, se espolvorea con algo de azafrán y doce caracoles previamente engañados al sol, junto con la sal a discreción.

Al principio, la cocción debe ser regularmente viva; pasados tres o cuatro minutos, a fuego lento durante otros diez o doce, que es lo necesario para que el arroz esté en su punto. Déjese finalmente encima de los rescoldos del fuego, durante algunos minutos.

Nunca deben usarse recipientes altos; por lo que se recomienda hacerlo siempre en la clásica paella de dos asas.

ARROZ EN FESOLS I NAPS

(para cuatro personas)

En una olla o puchero sobre el fuego, con tres litros de agua y una poca cantidad de sal, se ponen a cocer 250 g de judías blancas, 400 g de jarrete, mano y oreja de cerdo, 200 g de tocino, dos morcillas blancas y dos negras y seis o siete nabos pequeños, cortados a pedacitos, cociéndolo todo de forma lenta y continuada.

Cuando esté bien cocido, se le añade sal, un poco de azafrán y 350 g de arroz, calculando el caldo para que pueda efectuarse su cocción. (Tan exquisito arroz fue glosado por el ilustre poeta valenciano Teodoro Llorente Olivares, que hizo decir en sus versos a un humilde basurero que, si fuese rey de España, siempre lo comería.)

ARROZ ABANDA

(para cuatro personas)

Se escoge un kilogramo de buen pescado variado, preferentemente sabroso, como pajel, mero y dentón; se pone una cacerola al fuego, con algo de aceite; cuando está caliente, se sofríen cuatro cebollas y cuatro patatas enteras, dos dientes de ajo, una hoja de laurel, unos granos de pimienta y un poco de tomate y el pescado en rodajas, previamente limpio. Una vez todo bien sofrito, se le añade media cucharada de pimiento molido y un litro de agua; se sazona con sal y se deja hervir a fuego lento, hasta que esté cocido, cuidando mucho que no se deshaga el pescado.

Aparte se pone una paella mediana con un decilitro de aceite; se sofríe un poco de tomate y ajo, un poco de perejil y unos langostinos; después se añaden cuatro tazas de arroz y se sofríe todo junto; inmediatamente se le vierte el caldo del pescado, pasado por el colador, procurando que, al ponerlo en el arroz, éste hierva a fuego fuerte; cuando ya el arroz está secándose, se mete diez minutos en el horno, para que salga dorado y entero. Sírvase el arroz limpio de acompañamiento y después, en fuente aparte, el pescado que se utilizó para el caldo, con las cebollas y las patatas. Se recomienda reforzar su sabor con unas cucharadas de *all i oli,* que también pueden ponerse al arroz.

DRAMATIS PERSONAE

O SEA, LOS PRINCIPALES PERSONAJES DE ESTOS ENTREMESES, CON EXPRESIÓN DE QUIENES FUERON SUS INTÉRPRETES EN LA VERSIÓN TELEVISIVA «EL ORGULLO DE LA HUERTA».

Vicente Roig Carbonell, *Sento*.	Fernando Delgado
Restituto Macías Va, imitador de aves, etcétera.	Pepe Ruiz
Fina, la dulce y gorda cocinera.	Marisa Porcel
Sacramento, madrileña castiza, flor de verbena.	Fedra Lorente
Sagrario, la otra camarera, gallega en ejercicio.	Pilar Ordóñez
Reverendo don Niceto Parrilla, cura preconciliar.	Manuel Zarzo
Don Marciano, el subsecretario.	Agustín Barchino
Luisita, su compañera sentimental (antes, querida). .	África Pratt
Feliciano Ramírez, primo y secretario particular. . . .	Ramón Reparaz
Su discreta y callada esposa. .	Mara Goyanes
Don Amalio, catedrático jubilado, jugador de dominó. .	Manuel San Román
Juan Luis, botones-cerillero-árbitro colegiado.	Alberto Blasco
Don Armando de la Encina, ilustre letrado.	Arturo López

Don Romualdo Cañizares Pardezuela, inventor. . . .	Alfonso del Real
Bubi, vigilante jurado y prometida suya.	Loreto Valverde
Señora imponente, de distintos nombres.	Carmen Platero
Clienta aprensiva con la mayonesa.	Izaskun Azurmendi
Su marido, perito químico. .	José Albert
Braulio Marqués Calomarde y Díaz Vega.	Ricardo Merino
Su fiel acompañante y lacayo.	Luis Rico
El sujeto chingo y aprovechón.	Pablo del Hoyo
La niña que busca a su mamá.	Marta Vizcaíno Martín
Su presunto padre.	Ramón Pons
Gumersindo Rebollo Ruybarbo, entomólogo.	Tito Medrano
Montserrat Muntané i Capafons, la redicha.	Julia Trujillo
Evaristo Villacañas Portocarrero (a) *el Cañas*.	Félix Marey
Marcela Quintana Vallespín, viuda terrateniente. . . .	Mercedes Alonso
Don Alejandro, droguero y erotómano.	Rafael Hernández
Lola, su resignada y veterana esposa.	Teresa Cortés
María Estela, ciudadana del mundo.	María Silva
El taxista, filósofo y hermético.	Juan Calot

Dirección: Eugenio García Toledano
Fondos musicales: Gregorio García Segura
Producción: ANTENA 3 DE TELEVISIÓN

Colección
Fábula

Otros títulos publicados

José María Aguilar

Nahúm

Alfredo Amestoy

Últimas voluntades

Fernando Vizcaíno Casas

Niñas... ¡al salón!
De «camisa vieja» a chaqueta nueva
... Y al tercer año, resucitó
Hijos de papá
El revés del derecho
Las autonosuyas
... Y habitó entre nosotros
Hijas de María
100 años de honradez
Chicas de servir
Obras completas 1
Zona roja
Los rojos ganaron la guerra
Los descamisados
Otoño caliente

Ricardo de la Cierva

El diario secreto de Juan Pablo I

José Luis Coll

El Diccionario de Coll
El hermano bastardo de Dios

Luis Díez Jiménez

Nueva antología del disparate
Disparates de la transición

Ángel A. Jordán

Marbella story

J. L. Martín Vigil

El rollo de mis padres
El gran Hiram
La droga es joven
No hay lugar para inocentes
DC-9, destino Bilbao
Porvenir para un hijo

Eduardo Ruiz de Velasco

Antología de gazapos 1
Antología de gazapos 2